耳慣らし英語リスニング

2週間集中ゼミ

小川直樹

監修・執筆

アルク

はじめに

　学校で英語は学んだものの、通じないし聞き取れもしない——このように感じる人は少なくない。その原因は何だろうか。ひとつは、英語の発音に対する正確な理解が欠けているからだ。では、どうやってきちんとした英語の発音を学べばよいのだろうか。

　そこで編まれたのが本書である。本書は、英語の発音の全体像に迫れるように作られている。従来の発音教本には、母音と子音の発音の仕方ばかりを、単語レベルだけで述べるものが多かった。しかし、実際の英語では、単語だけで発音されることはまずない。単語は句や文といった連続体の一部として発せられる。そこでは、母音や子音だけでなく、さまざまな音声変化、強勢、リズム、イントネーションといった要素が絡み合っている。

　本書では、母音と子音以外の面の解説にかなりの紙面を割いた。特に、短縮形やイントネーション、英米の違いなど、類書ではあまり扱わない内容にまで踏み込んでいる。例も文レベルが中心で、さまざまな工夫を凝らしてある。これによって、包括的に発音を学べる本ができあがった。

　本書は本来、聴解力の養成書だ。しかし、発音教本のような体裁をとっている。というのも、発音と聴解は表裏一体だからだ。自分の発音が向上すれば聴解力も向上する。たとえネイティブ並みに発音できなくても、発音のメカニズムを知っていれば、聞こえてくる音を適切に受け止めることはできる。

　本書はもともと、筆者が1990年代半ばに通信講座「1000時間ヒアリングマラソン」に連載した「ビギナーズトラック」を基にして、98年に出版され、英語学習書としてはまれに見る息の長い商品となった。とはいえ、初版から23年、さらに新装版からも12年が経過したため、今年、2回目の新装改訂版が出されるという名誉を得た。今回を機に、旧タイトルの「ヒアリング」を「リスニング」と改めた。また、音声をMP3ダウンロードとした。

　なお、本書では、発音の一部をカナで表したが、これは島岡 丘筑波大学名誉教授の表記法を参考にした。

　最後に、本書を出すに当たりお世話になった、ヒアリングマラソン編集部、および出版編集部の皆さんに感謝の意を表したい。

2021年8月

小川　直樹

耳慣らし英語リスニング 2 週間集中ゼミ
Two-week Training Program in Listening and Pronunciation

CONTENTS

　本書は、1日1課ずつ学習すれば2週間で英語の発音が包括的に勉強できるよう、全14課で構成されており、各課は、右ページに示したように、Warm-up、Part 1、Part 2、Exercises の4つのパートから成っている（7日目と14日目を除く）。

■ペースよりも繰り返しが大切

　14日間、2週間というペースを設けたが、この日数にこだわる必要はなく、自分のペースでゆっくり学習を進めて構わない。むしろ、14日でひと通りを終わらせても、何度も繰り返し聞いて復習してほしい。それというのも、耳や口は、短期間では英語の音を確実に覚えることができないからだ。特に発音、すなわち口の動きはスポーツと同じで、何度も何度も発音練習をすることによって、初めて口が自然に動くようになるのだ。

■素直に、文字を見ないで聞く

　音声を聞く際には、音に対して自分なりの勝手な先入観を持たずに、素直な気持ちで聞いてほしい。また、初めの1～2回は、文字を見ないで聞くようにしよう。文字を見ながら音を聞いていると、聞いているようで、実際には文字を目で追っているに過ぎなくなる。というのも、人間は、視覚と聴覚の両方のチャンネルから同時に情報が入ってくると、より容易に情報を取れるチャンネル、すなわち視覚を優先してしまうからだ。

　Part 1 や Part 2 の例文を聞く際にも、初めの1～2回は、文字を目で追いながら聞いてはいけない。意味が分からなくてもいいから、本文を見ずにその場でリピート発音することを勧める。

■発音には多様性がある

　本書の録音はすべて、英語のネイティブでプロのナレーターが行った。従って、その発音は皆さんの模範と考えてよい。かといって、この発音が絶対というわけではない、ということも頭に入れておいてほしい。

　アメリカやイギリスには多数の、地域的・階層的な方言が存在する。また、同じ人でも、時と場合によって発音は変わる。そのため、本書で解説した発音とは違う発音をする人に出会うかもしれない。そのときは、それを間違っていると考えるのではなく、そういう発音もあるのだ、ととらえてほしい。このような考え方をすることで、自然と発音に敏感になり、聞き取りの力も向上するのである。

■各課の構成

Warm-up

その課の導入に当たります。ここで腕試しをして、学習のポイントをつかみましょう。

テーマ　その課で学ぶポイント

テーマの解説

英文の訳

チャレンジ問題　問題の解答と解説

Part 1、Part 2

本書の中心を成す部分です。その課のテーマを Part 1 と Part 2 の2つに分けて学習します。

解説

例文で聞かれる音声の特徴について、具体的に学習ポイントが解説されています。

Part 1 ／ Part 2 の課題付き例文

実際の会話にも生かしやすい表現を用いているので、口に出して練習してみましょう。

Exercises

会話文を用いた実践問題です。会話を聞いて問題に答えながら、その課で学んだ項目を確認しましょう。なお、会話文は「1000時間ヒアリングマラソン」で掲載されたものをそのまま使用しており、訳は 121 ～ 127 ページにまとめて掲載しています。

なお、第7日と第14日は、それぞれ前半と後半のまとめです。Warm-up はなく、Part 1、Part 2、Exercises の3つの練習問題から成ります。

Exercises の解答と解説

音声について

　本書の付属音声はすべて MP3 音声ファイルとしてダウンロードしてご利用いただきます。各課のテーマに沿って、Warm-up、Part 1、Part 2 の例文と、Exercises の会話文が収録されています。各トラックの内容は、以下のトラック一覧表をご参照ください。

Track 1 〜 4	第1日	英語のリズム
Track 5 〜 10	第2日	弱い音
Track 11 〜 14	第3日	気を付けたい強勢
Track 15 〜 18	第4日	母音
Track 19 〜 22	第5日	子音
Track 23 〜 26	第6日	短縮形
Track 27 〜 31	第7日	前半のまとめ
Track 32 〜 35	第8日	音の連続 (1)
Track 36 〜 39	第9日	音の連続 (2)
Track 40 〜 44	第 10 日	イントネーション (1)
Track 45 〜 48	第 11 日	イントネーション (2)
Track 49 〜 53	第 12 日	英米の発音の違い
Track 54 〜 58	第 13 日	発音が難しい語
Track 59 〜 65	第 14 日	後半のまとめ

各ページの ⌈DL 00⌋ の数字はトラック番号を表しています。

【音声のダウンロードについて】

※パソコンでダウンロードする場合

　以下の URL で「アルク・ダウンロードセンター」にアクセスの上、商品コード 7021041 で本書の音声を検索し、ダウンロードしてください。
　URL：https://portal-dlc.alc.co.jp

※スマートフォンでダウンロードする場合

　以下の URL から学習用アプリ「booco」をインストールの上、ホーム画面下「さがす」の検索窓に本書の商品コード 7021041 を入れて検索し、音声ファイルをダウンロードしてください。
　URL：https://booco.page.link/4zHd

1st week

前半の1週間では、英語らしいリズムの特徴と、母音や子音といった個々の音の特徴を学びます。
どれも基本的な内容ですので、しっかりと音声を聞き、解説を読んで着実に覚えていきましょう。

英語のリズム

英文はそれぞれの単語を発音記号通りに言っても、英語らしくは聞こえない。それは、英語のリズムと日本語のリズムが違うからだ。では、英語らしさの素となる「英語のリズム」とはどんなものだろうか。

Warm-up 次の問題にチャレンジしてみよう。

 音声を聞いて、強く発音される個所に下線を引きなさい。

(1) You said it.

(2) London Bridge is falling down; build it up with wood and clay.

(3) Rats eat cheese.

(4) The rats will eat some cheese.

(5) The rats will be eating some cheese.

解説　英語のリズムは強弱というけれど……

　英語のリズムの基本は強弱だ。しかし、日本語的なリズムに単に強弱を付けさえすれば英語のリズムになるのかといえば、そうでもない。英語のリズムは、日本語のリズムとは根本的に異なるからだ。

　英語のリズムは「強勢拍リズム」と呼ばれる。強勢、すなわち、強く発音される個所が一定間隔で、波のうねりのように現れる。そして、強い部分は、大きく、長く（ゆっくり）、はっきり発音されるのだ。逆に、弱い部分は、小さく、短く（速く）、あいまいになる。

　一方、日本語のリズムは、「音節拍リズム」と呼ばれる。各音節（母音を中心とする発音上の最小単位）の長さがほぼ等しく、しかも、強さや明瞭さもほぼ等しい。ちょうど機関銃のようなリズムだ。

　この根本的な違いが、発音や聴解での障害を生み出すことになる。日本人の英語は、強勢部分は強くなるが、ゆっくりにはならない。その結果、ネイティブスピーカーにとって日本人の英語は、やたらと早口に聞こえるのだ。逆に、私たちがネイティブの発音を聞くと（ゆっくりに話されていても）、やたらと速く感じられる。速くてあいまいなのが当然の無強勢部分にまで、ゆっくりさ、明瞭さを期待してしまうからだ。

　このように、英語のリズムは本来、強弱だけで語れるものではない。声の大きさ、長さ、明瞭さも必須の要素なのである。ただ、本書では便宜的に強勢部分を「強（い）」、無強勢部分を「弱（い）」と表すことにする。

解答

(1) <u>said</u>
(2) <u>Lon</u>(don), <u>Bridge</u>, <u>fall</u>(ing), <u>down</u>, <u>build</u>, <u>up</u>, <u>wood</u>, <u>clay</u>
(3) <u>Rats</u>, <u>eat</u>, <u>cheese</u>
(4) <u>rats</u>, <u>eat</u>, <u>cheese</u>
(5) <u>rats</u>, <u>eat</u>(ing), <u>cheese</u>

　下線の引かれ方に特徴があることにお気付きだろうか。(1) だけでは分からないかもしれないが、(2) では明らかだろう。かなりはっきりした周期性を持っている。また、(3)

～ (5) は、英語のリズムは、文の長さが変わっても強い部分が同じだということを示している。ここでは、番号が進んで下にいくほど発音が速くなっていることに気を付けてほしい。

訳

(1) そうなんだよ。
(2) ロンドン橋が落ちそうだ。木と土で直せ。
(3) ネズミはチーズを食べる。
(4) ネズミたちがチーズを食べるだろう。
(5) ネズミたちがチーズを食べているだろう。

強弱リズム

次の英文を、下線部の強勢音節に注意して聞き、音声について発音してみよう。

1. <u>Ma</u>ry <u>had</u> a <u>li</u>ttle <u>lamb</u>; its <u>fleece</u> was <u>white</u> as <u>snow</u>.

2. <u>Be</u>tty <u>Bo</u>tter <u>bought</u> some <u>bu</u>tter, <u>but</u> she <u>said</u> the <u>bu</u>tter's <u>bi</u>tter.

3. <u>Pe</u>ter <u>Pi</u>per <u>picked</u> a <u>peck</u> of <u>pi</u>ckled <u>pe</u>ppers.

4. She <u>went</u> to the <u>ba</u>ker's to <u>buy</u> him some <u>bread</u>.

5. She <u>went</u> to the <u>tai</u>lor's to <u>buy</u> him a <u>coat</u>.

6. She <u>went</u> to the <u>ha</u>tter's to <u>buy</u> him a <u>hat</u>.

7. <u>Cut</u> it <u>out</u>.

8. I <u>can't</u> be<u>lieve</u> it.

9. <u>Let</u> me <u>think</u> it <u>o</u>ver.

10. <u>That's</u> a<u>no</u>ther <u>pro</u>blem.

訳

1. メリーは小さな子羊を飼っていた。その毛は雪のように白かった。
2. ベティ・ボッターはバターを少々買ったが、「そのバターは苦い」と言った。
3. ピーター・パイパーはピクルスにしたトウガラシをたくさんつまんだ。
4. 彼女は彼にパンを買ってやるためにパン屋に行った。
5. 彼女は彼に上着を買ってやるために洋服屋に行った。
6. 彼女は彼に帽子を買ってやるために帽子屋に行った。
7. いいかげんにしろ。
8. そんなことは信じられない。
9. よく考えさせてください。
10. それは別問題だ。

解説 強く発音される「内容語」と 弱く発音される「機能語」

英語の強弱リズムは、でたらめにつけるものではない。きちんとした規則がある。通常、「強」で発音する（＝強勢を付けて発音する）のは、「内容語」と呼ばれる品詞群（の語強勢のある音節）である。内容語とは、はっきりとした意味を持つ語で、名詞・動詞・形容詞・副詞・数詞・指示代名詞・疑問詞などだ。

一方、通常、「弱」で発音するのは、「機能語」と呼ばれる品詞群である。機能語は、文中で現れる個所が限定されている、文法的なつなぎが主な役割の語で、代名詞・助動詞・be 動詞・冠詞・前置詞・接続詞・関係詞などである（なお、「通常」と書いたことでお分かりと思うが、これらは絶対的なものではなく、話者の意図によって例外は起こり得る）。

つまり、英語に強弱を付けようとするならば、内容語と機能語を区別しなければならないということになる。これは、私たちには難しいように思えるが、大切なことだ。というのも、内容語は意味を伝える上で重要だからこそ、強く発音されるからだ。そして、機能語は、それほど重要でないからこそ、弱く発音されるのだ。このように英語のリズムは、意味を伝え、理解することと不可分なのである。

強弱リズムに慣れるには、まずは、はっきりとした強弱のある例文を、口をついて出てくるまで何度も発音練習することだ。

その代表的な例が 1. ～ 6. だ。これらは Mother Goose からの引用で、このような韻文（詩）は、強弱がはっきりした形で現れる。1. ～ 3. は「強」と「弱」が交互に現れるパターンで、4. ～ 6. は「強」の間に 2 つの「弱」が挟まれるパターンだ。なお、強弱を付けて読む際には、15 ページの解説で述べるように、「強」は大きく長くはっきりと、「弱」は小さく短くあいまいに、ということを忘れてはならない。

なお、2. では、本来、強勢の置かれない、機能語の but に強勢が置かれている。これは強弱のリズムを保つための例外だ。

韻文のリズムは人工的だが、日常的な英語にも、同様なリズムは現れる。7. ～ 10. がそれだ。これらではすべて、「強」と「弱」が交互に現れている。

リズムの等時性

 次の英文を、下線部の強勢音節に注意して聞き、音声について発音してみよう。

(A) 1. <u>Cats</u> <u>chase</u> <u>rats</u>.

2. The <u>cats</u> will <u>chase</u> some <u>rats</u>.

3. The <u>cats</u> will be <u>chasing</u> some <u>rats</u>.

(B) 1. <u>Sue</u> <u>paid</u> <u>money</u>.

2. <u>Sue</u> was <u>paying</u> <u>money</u>.

3. <u>Su</u>zanne has been <u>paying</u> some <u>money</u>.

4. <u>Su</u>zanne would have been <u>paying</u> some of the <u>money</u>.

(C) 1. <u>Tom</u> <u>read</u> <u>books</u>.

2. <u>Tom</u> has <u>read</u> some <u>books</u>.

3. <u>Tom</u> has been <u>reading</u> some <u>books</u>.

4. <u>Thomas</u> should have been <u>reading</u> some of the <u>books</u>.

訳

(A) 1. ネコはネズミを追い掛ける。
2. そのネコたちは数匹のネズミを追い掛けるだろう。
3. そのネコたちは数匹のネズミを追い掛けているだろう。
(B) 1. スーはお金を払った。
2. スーはお金を払っていた。
3. スザンヌはお金を払い続けている。

4. スザンヌはそのお金の一部を払い続けていただろう。
(C) 1. トムは本を読んだ。
2. トムは本を何冊か読んでしまった。
3. トムは本を何冊か読み続けている。
4. トーマスはそれらの本の何冊かを読み続けているべきだった。

解説　リズムの強弱は等しい間隔で現れる

　英語のリズムで最も特徴的な性質は、強勢の「等時性」である。これは、強勢がいつも、時間的にほぼ等しい間隔で現れるという性質だ。つまり、文の発音上の長さは、単語数や音節数ではなく、強勢の数で決まるということだ。一方、日本語では、文の発音上の長さは単純に音節の数に比例する。強勢の等時性は、日本語とは大きく異なる、極めて英語的な性質なのだ。

　(A)、(B)、(C) の 3 組の例文は、どれも強勢の等時性をはっきり表している。下線を引いてある語は、内容語であり、強勢を受ける語である。各組とも、番号が進み下へ行くほど、単語数、すなわち音節数が増え、文は長くなっている。しかし、下線部の数に変わりはない。つまり、1 つの文を発音する時間の長さはだいたい同じで、3 組とも、3 拍のリズムで各文を読み終えるということなのだ。

　従って、文が長くなればなるほど、速く発音することが必要になる。だからといって、文全体をただ大急ぎで発音すればよい、というわけではない。前にも述べたように、ただでさえ日本人の英語は速く聞こえるのである。そんなことをすれば、ネイティブに聞き取ってもらえない独り善がりの英語にしかならない。

　大事なことは、下線の引かれていない**無強勢部分を、小さく、短く、かつあいまいに発音すること**だ。このような発音法は、日本語では行われないだけに、私たちには極めて難しい。しかし、それをしなければ、英語らしい発音は身につかない。また、そのような発音になじみがなければ、弱音節の聞き取りもままならない。

　ここでは取りあえず、①できるだけつなげる、②口はあまり動かさない、の 2 点に注意してほしい。そして、具体的には、(B)3. と (C)3. の has been は「ハズベン」か「アズベン」と発音し*、主語である直前の人名と続けて「スゼアンナズベン」や「ターマズベン」と、(B)4. の would have been は「ワダベン」、(C)4. の should have been は「シュダベン」、(B)4. と (C)4. の some of the は「サマヅ」とそれぞれ発音するとよい。

　　＊ナレーションでは、この has を [həz] と発音しているが、[h] は落としてもよい (→ p. 23)。

EXERCISES

今日、学習したことをおさらいしよう。

DL 04

1. (1)から(7)の下線を引いた部分で、強く発音されている個所の母音に強勢記号(´)を付けよう。

2. 破線を引いた(8)のturning pointでは、どちらの語が強く発音されているだろうか。

3. 破線(9)のCats chase ratsと同じリズムで発音されている文が、その前後にある。その文を見つけて下線を引こう。

Andy: What a great party. It was nice to see Tom and Jane again.

Beth: Yes, they're a nice couple. Ah! ⁽¹⁾<u>At last, he managed to marry her.</u>

A: Yeah. How did he do it? Did Jane say anything to you?

B: Yes, she talked about it. ⁽²⁾<u>She said that, for months, Tom wooed her with wine and flowers.</u>

A: Is that all?

B: No. The ⁽⁸⁾turning point came when Tom agreed to let Jane keep her cats if she would marry him.

A: Aha! I knew it had to be something besides wine and

解答と解説

1. (1) At lást, he mánaged to márry her.

(2) she sáid that, for mónths,

(3) you knów hów múch Jáne lóves cáts.

(4) they're súch a úseless pét.

(5) I táke it báck.

(6) She dídn't búy it.

(7) She máde it fór him.

2. turning

3. That's not true.

1. は、基本的には内容語の強勢部に記号を付ければよい。

(1) は1語おきに「強」と「弱」が現れている、分かりやすい例だ。

(2) では、指示代名詞の that に注意。ここでは it 程度の意味しかないので、弱く読まれている。(ただ、指示代名詞の that は通常、強く発音される→ p.18 の3の答え参照)。また、for は弱い。強くては「4カ月」と聞こえてしまう。

(3) は you 以外すべて「強」だ。そのため、かなり平らでメリハリのない感じの発音になっている。それとは対照的に、(4) は強弱

flowers.

B: Well, ⁽³⁾<u>you know how much Jane loves cats.</u>

A: But ⁽⁴⁾<u>they're such a useless pet.</u>

B: That's not true. ⁽⁹⁾<u>Cats chase rats</u>—and mice and other ro-dents. Also, they make great companions.

A: All right. ⁽⁵⁾<u>I take it back.</u> By the way, where did Tom get that sweater he was wearing tonight?

B: From Jane.

A: Why did she buy him something so ugly?

B: ⁽⁶⁾<u>She didn't buy it.</u> ⁽⁷⁾<u>She made it for him.</u>

A: Poor guy.

B: And I helped her pick out the design. We both happen to think it's very attractive.

A: If Tom were a couch, it might look good.

B: You obviously don't know anything about fashion!

■語注　rodent:（ネズミ・リスなどの）げっ歯類

がはっきりした、いかにも英語らしいリズムだ。

(5)、(6)、(7) では代名詞の処理が問題だ。私たちは、代名詞をつい強く言う癖があるので注意したい。また、didn't のような否定の助動詞、for him のような代名詞と組む場合の前置詞は強くなる（なお、ここでは分かりやすくするため、中程度の強勢は考えず、「強」と「弱」だけで考えるようにしている）。

2. のような -ing と組む名詞の強勢の区別は、発音が聞けない場合は、意味に頼るしかない。意味を考え、分詞か動名詞

かを判断し、強く読む部分を決めるわけだ（詳しくは 29 ページで解説する）。例えば、turning point ならその意味は、-ing が分詞の場合は point which is turning となってしまい、動名詞の場合は、point for turning だ。この会話で意味が通じるのは後者の動名詞しかない。

3. の Cats chase rats のリズムはもちろん「強強強」だ。これと一致するのは直前の That's not true. である。

なお、強勢については、3日目でさらに詳しく解説する。

（会話文の訳は p. 121 にあります）

弱い音

つづりを見れば知っている簡単な単語なのに、何を言っているのか分からないことはないだろうか？　こういった部分は大抵、小さく短く不明瞭に発音されている。この部分こそ、聴解・発音上の盲点であり、英語らしさのもとなのだ。

Warm-up 次の問題にチャレンジしてみよう。

1. 音声を聞き、空所に適語を記入しなさい。

(1) You (　　　　) miss it.

(2) You (　　　　) miss it.

2. 音声を聞いた後、下線に注意して発音しなさい。

(1) He told me about the animal in private.

(2) I came across a horrible sight.

3. 音声を聞いて、弱く発音するthatに下線を引きなさい。

I think that that "that" that that man meant was quite right.

解説　英語らしさは強勢がない音節にある

　一般に、英語のリズムを扱う場合には、強勢音節にばかり目がいきがちだ。しかし、発音に英語らしさを求めようとするならば、強勢のない音節（無強勢音節、または弱音節）の発音の方がより重要である。というのも、無強勢音節は強勢音節よりも多く現れるからだ。

　しかも、無強勢音節を、小さく、短く、あいまいに発するという英語の発音法は、日本語の発音体系にはない。そのために、日本人の弱音節の発音は、十分弱く短くならず、はっきりしすぎてしまう。これでは、強勢音節との差がつかず、極めて不自然に聞こえてしまう。

　英語の無強勢音節ははっきり発音されない。ということは、聞く側がどんなに耳を傾けても、はっきりとは聞き取れないということである。多くの日本人は、英語の書き取りなどをすると、無強勢音節のところがうまく聞き取れない。しかも、正解を見ると、そこには極めてやさしい語が並んでいたりして、がっくりくることが少なくない。

　しかし、音だけで書き取ろうとすれば、もともとはっきり発音されていないのだから、これは仕方のないことなのだ。

　英語を聞く際は、すべての音節は明瞭に聞き取れるはずだ、という思い込みは捨ててよいのである。

解答

1. (1) can't　　(2) can
3. I think that that "that" that that man meant was quite right.

　1. は can と can't の聞き分けだ。この (1) のように、-'t は聞こえないことが多い。それだけに、むしろ両者の強さ・長さ・音質の違いに注目してほしい。すべての助動詞において、否定形は強勢が置かれ、肯定形は無強勢なのだ。can't は [kǽn]、can は [kən] で、[t] の有無ではなく、大きさと長さと音質が、大きな手掛かりになる。

　2. の下線部は、つづりに関係なくすべて同じ母音 [ə] で発音される。無強勢音節の母音の代表は [ə] なのだ。

　3. は that の品詞の区別が前提だ。前から、接続詞、指示形容詞、名詞（that という単語）、関係代名詞、指示形容詞だ。弱く発音されるのは、機能語である接続詞と関係代名詞だ。これらは [ðət] で、それ以外は [ðǽt] だ。

訳

1. (1) すぐに分かります。
   (2) 見逃すかもしれません。
2. (1) 彼はその動物のことを内々に私に教えてくれた。
   (2) 私は恐ろしい光景に出くわした。
3. あの男が教えてくれたあの「that」はまったく正しかったと思う。

強勢がないところの母音（弱母音 [ə]）

次の英文を下線部に注意して聞き、音声について発音してみよう。

1. Something terrible has happened.

2. As a matter of fact, I fell behind.

3. She is considerate of everyone.

4. We have to call them up as soon as possible.

5. I must admit that it is true.

6. I have some loose ends to tie up.

7. We should put the accident behind us.

8. He got away from the trouble.

9. They look so much alike.

訳

1. 何か恐ろしいことが起きた。
2. 実を言うと私は遅れをとった。
3. 彼女は皆に思いやりがある。
4. 私たちはできるだけ早く彼らに電話しなければならない。
5. 私はそれが本当だと認めなければならない。
6. 片付けなければならない仕事が残っている。
7. その出来事は忘れるべきだ。
8. 彼はもめ事を避けた。
9. 彼らはとても似ている。

解説　すべての母音は弱まると [ə] になる !?

　無強勢音節に現れる音で最も重要なものは、[ə](「シュワー (schwa)」と呼ばれる) である。[ə] は、最も弱い母音であり、英語のすべての母音は、弱まると [ə] になろうとする性質がある。言い換えれば、[ə] は、強勢音節には現れない (逆に [æ]、[ɑ]、[ʌ] など多くの母音は無強勢音節では現れない)、無強勢音節の中で最も使われる母音なのだ。

　そればかりでなく、実は、すべての音節の中で最も多く現れる母音が、このシュワー、[ə] なのである。その意味で、[ə] を制すものは英語の発音を制す、とさえ言えよう。

　では、[ə] はどうすれば発音できるのか。まず、顔面全体、特に口や舌から力を抜き、口を半開きにする。そのまましばらく放っておくとよだれが垂れてくるような口の開け方だ。そして、声を出す。その時の音色は、「ア」でも「イ」でも「ウ」でも「エ」でも「オ」でもない、あいまいなものになるはずだ。あえて言えば、(「ウ」+「エ」) ÷ 2、または力を抜いた「ア」といったところだろうか。なお、[ə] を「ア」ととらえることもよくある。口をかなり閉じて、あいまいに発音するならそれでも構わない。だが、決してはっきりした「ア」ではないことを、左の英文の下線部で確認しよう。

　例文は、無強勢音節で [ə] を使う練習だ。日本人は、とかくつづり字につられた発音をしがちだ。例えば terrible、behind、possible の i や e を「イ」としっかり読んでしまう。しかし、それでは英語の発音にはならない。同様に、a、u、o のつづりにもはっきりした「ア」、「ウ」、「オ」を充ててはならない。下線部でできるだけ短く [ə] を言ってみよう。

　そんなあいまいな発音で通じるのだろうか、と考える人もいるだろうが、心配は要らない。ネイティブにとっては、無強勢音節の音はあいまいなのが普通なのである。そこにはっきりした音が使われる方が分かりにくいのだ。

　ところで、considerate のような -ate にも注意が必要だ。つづりにつられて「エート」と読みたくなるが、形容詞の語尾の -ate は [ət] と発音する。例えば、delicate や private は、日本語ではそれぞれ「デリケート」、「プライベート」だが、英語では、delicate は [délɪkət] か [déləkət]、private は [práɪvət] だ。

PART 2

機能語の発音

次の英文を下線部に注意して聞き、音声について発音してみよう。

1. She looked <u>at</u> the clock <u>from</u> time <u>to</u> time.

2. (a) He came <u>by</u> some money.

   (b) He came <u>by</u> yesterday.

3. (a) I put the weight <u>on</u> the shelf.

   (b) I put it <u>on</u>.

4. John <u>has</u> gone out <u>of</u> business.

5. I gave <u>her a</u> call just this morning.

6. He proved <u>himself</u> to be <u>an</u> excellent speaker <u>of</u> English.

7. I'm very glad to be <u>with</u> you.

8. That's all there is <u>to</u> it.

訳

1. 彼女は時々、時計を見た。
2. (a) 彼は金を手に入れた。
   (b) 彼は昨日、寄ってくれた。
3. (a) 私は文鎮を棚に載せた。
   (b) 私はそれを着た。
4. ジョンは店を畳んでしまった。

5. 彼女にはけさ、電話したばかりだ。
6. 彼は英語を話すのがとても上手なことを証明した。
7. ご一緒できて、とてもうれしいです。
8. それだけです。

解説 機能語には「強形」と「弱形」の2通りの発音がある

　無強勢音節を担う語の代表は、機能語（→ p. 13）である。実は、機能語には「強形」と「弱形」と呼ばれる2種類の発音形がある。強形は、その語を単独で発音する場合のような丁寧な音形だ。弱形は、文中の無強勢音節で発音される場合の音形だ。1つの語に2つの音形を与えるという体系は、日本語にはないのでなじみにくい。私たちは機能語を強形の発音で覚えがちだが、現実には、ほとんどが弱形で言われる。そのため、強形だけを覚えていたのでは、聞き取りはままならない。むしろ、弱形を優先して覚えるべきなのだ。ここで主な機能語の弱形を紹介しておく。*

● [前置詞] as [əz] ／ at [ət] ／ for [fə] ／ from [frəm] [frm] [fm] ／ of [əv] [ə] ／ to [tə]

● [代名詞] we [wi] ／ me [mi] ／ us [əs] ／ you [jə] ／ he [i] ／ his [ız] ／ him [ım] ／ himself [ımself] ／ she [ʃi] ／ her [ə] ／ herself [əself] ／ them [ðəm] [ðm] [əm] ／ who（関係代名詞）[u]

● [冠詞類] a [ə] ／ an [ən] ／ the（子音の前で）[ðə]（母音の前で）[ði] ／ some [səm] [sm]

● [接続詞] and [ən] [n] ／ but [bə(t)] ／ or [ə] ／ than [ðən] [ðn] ／ that [ðə(t)]（関係詞も同じ発音）

● [助動詞] be [bi] ／ been [bın] ／ was [wəz] ／ can [kən] [kn] ／ could [kəd] ／ do [də] ／ does [dəz] ／ have [əv] ／ has [əz] ／ had [əd] ／ must [məs(t)] ／ shall [ʃəl] [ʃl] ／ should [ʃəd] [ʃd] ／ will [wəl] [əl] ／ would [əd]

　ここで注目してほしいことは、① [ə]（[r] の音色を伴う [ə] も含む）がかなり使われている、② from や them のように [ə] さえ落ちてしまうものもある、③ h で始まる代名詞や助動詞では [h] が落ちる（4. ～ 6. 参照。ただし文頭では落ちない）、などである。

　ところで、2.(b)、3.(b) では by、on などが強く読まれている。これはなぜか。これらは一見、前置詞だが、実は副詞なのだ。副詞は内容語なので、強く発音されるわけだ。

　7. と 8. は「前置詞＋代名詞」の読み方だ。これは通常、7. のように両者を同じ強さ（弱さ）で読むか、8. のように前置詞を強く読む。

　* ここに挙げたもの以外は、強形と弱形の発音が、表記上では同じである。ただし、弱形では小さく短くあいまいに発音される。

EXERCISES

今日、学習したことをおさらいしよう。

DL 10 音声をよく聞き、空欄に当てはまる単語を書き出そう。

George: (*on the phone*) Hi. Do you have flights from Chicago to Paris? I see. ⁽¹⁾(　　　) call you back. Thanks.

Tracy: George, are you going to Paris?

G: Yeah, I'm ⁽²⁾(　　　) call up all the agencies to look for a cheap ticket.

T: But, George ... didn't you just go to Paris last month?

G: Uh, yeah, I did.

T: You ⁽³⁾(　　　) (　　　) had a great time. How long were you there?

G: A week. I stayed ⁽⁴⁾(　　　) a friend's place ⁽⁵⁾(　　　) a couple days, then I stayed at a hotel for four nights. And I have to go back.

解答と解説

(1) I'll
(2) gonna
(3) must have
(4) at
(5) for
(6) could
(7) of them
(8) I'll
(9) them

　機能語の発音には、「強形」と「弱形」がある。23ページで説明したように、機能語は普通、この弱形で発音される。し

かし、われわれは強形だけを覚えている。そのため、発音が不自然になる。これでは聞き取りもままならない。上の問題はそのいい証しとなるだろう。

　以下、解答となった単語の弱形と強形を、それぞれ弱形／強形の順に示しておく。

　(1)、(8) I'll は [al] ／ [áɪl]。(1) と (8) ではともに [al] が使われている。この弱形 [al] はよく使われるにもかかわらず、知らない人が多い。ぜひ覚えておきたい。

　(2) gonna は [ɡənə] ／ [ɡáːnə]。これは一種の助動詞であるから、弱形が普通。

　(3) must have は [məs(t)] [əv] ／ [mʌ́st] [hǽv]。ここでは、両者が結び付いて、[mʌ́stəv] となっている (→6日目の短縮形

T: George ... did you meet someone special in Paris?

G: Well ... yeah. At the hotel.

T: How romantic! So what's she like? Is she French?

G: You ^(6)(   ) say that. Actually ... there are three ^(7)(   ) (   ).

T: What! George, I can't take this in.

G: Tracy, let me explain. You see, one night I went to McDonald's.

T: You went to McDonald's in Paris?

G: I was hungry. So I was going into the hotel with my Big Mac, when I heard this pitiful meowing. And then ...

T: Don't tell me. You fed your Big Mac to some stray cats.

G: They really liked it. In fact, they came back every night.

T: ^(8)(   ) bet. So ... that's why you're going back to Paris?

G: Well, who else is going to feed them?

T: Why don't you bring ^(9)(   ) to America? Tell them there are plenty of Big Macs here.

参照)。なお、後続の had は本動詞なので強形の [hǽd] だ。

(4) at は [ət] ／ [ǽt]。後ろの a のために at の [t] が [d] のようになっている。

(5) for は [fɚ] ／ [fɔ́ɚ]。強形は four (数字の4) と同じ発音。

(6) could は [kəd] ／ [kúd]。

(7) of は [əv] [v] [ə] ／ [úv]。them は [ðəm] [ðm] [əm] ／ [ðém]。ここでは、of them は [əvəm] と発音されている。かなり崩れて聞こえるが、現実には頻繁に使われる。

(9) them は前の bring の影響で [nəm] に近い発音に変化している。

(会話文の訳は p. 121 にあります)

第 **3** 日

気を付けたい強勢

大統領官邸の「ホワイトハウス」と「白い家」、女性用化粧品の「コールドクリーム」と「冷たいクリーム」──発音するとき、聞き取るときに、これらをどのように区別したらよいのだろうか。

Warm-up 次の問題にチャレンジしてみよう。

 音声を聞いて、下線部で最も強く読まれている音節（または母音）にアクセント記号（′）を付けなさい。

(1) I visited the White House.

(2) I visited the white house.

(3) Is he in New York now?

(4) Yes, he's in New York City.

(5) He leaned against the blackboard.

(6) He leaned against the black board.

解説 強勢には、強強勢と中強勢の 2段階がある

前項までは、英語のリズムは「強」と「弱」の2種類からなる、という前提で話を進めてきた。しかし、英語には、それだけでは説明しきれない強勢上の区別がある。左ページの例文(1)と(2)で考えてみよう。アメリカの大統領官邸である「ホワイトハウス」と「その白い家」は、つづり字上に違いが現れるが、発音上にも区別があるのだ。その違いを知らなければ、発音上・聴解上の誤解の原因となるだろう。

違いは強勢の強さ(大きさ、長さ、明瞭さ)だ。white も house も内容語だからもちろん強勢を受ける。しかし、両者を全く同じ強さで読むわけではないのだ。「ホワイトハウス」は前の語 white をより強く読む。一方、「その白い家」は後ろの house をより強く読む。より強い強勢を「強強勢」、弱い方の強勢を「中強勢」と区別してみよう。そして、それらをそれぞれ、′と′というアクセント記号で表せば、「ホワイトハウス」は the Whíte Hòuse で、「その白い家」は the white hóuse となるわけだ。

このように、強勢をさらに2段階に分けることで、音声現象をより詳しく説明できる。これが、聞き取りでの意味の違いを認識するための大事な手掛かりとなる。

解答

(1) Whíte
(2) hóuse
(3) Yórk
(4) Cíty
(5) bláck-
(6) bóard

(1)と(2)については上の解説を参照。(3)では、York に強強勢が付き Nèw Yórk となる。一方、(4)では、Cíty が強い。これが新しい情報だということもあるが、この名称はもともと Nèw York Cíty と、York

が弱めに発音される。(5)は2語が1語になったもので、「複合語」と呼ばれる。複合語では前の部分に強強勢が置かれる。一方、(6)のように普通の「形容詞＋名詞」は後ろの名詞に強強勢が置かれる。

訳

(1) 私はホワイトハウスを訪れた。
(2) 私はその白い家を訪れた。
(3) 彼は今ニューヨークにいるの?
(4) はい。彼はニューヨーク市にいます。
(5) 彼は黒板にもたれかかった。
(6) 彼は黒い板にもたれかかった。

名詞句と複合語の強勢

DL
12

次の英文を下線部に注意して聞き、音声について発音してみよう。

1. She put some cold <u>cream</u> on her cake.

2. She put some <u>cold</u> cream on her face.

3. He built that green <u>house</u>.

4. He grows vegetables in that <u>greenhouse</u>.

5. He is in the dark <u>room</u>.

6. He is in the <u>darkroom</u>.

7. Look at that sleeping <u>baby</u>.

8. Look at that <u>sleeping</u> bag.

9. We had a driving <u>snow</u>.

10. I took a <u>driving</u> lesson.

訳

1. 彼女はケーキに冷たいクリームを塗った。
2. 彼女は顔にコールドクリームを塗った。
3. 彼はあの緑色の家を建てた。
4. 彼はあの温室で野菜を育てている。
5. 彼は暗い部屋にいる。
6. 彼は暗室にいる。
7. あの眠っている赤ん坊を見てごらん。
8. あの寝袋をごらん。
9. 大雪が降った。
10. 車の教習を受けた。

解説　強勢の違いは意味の違い

　Warm-up で強勢の置き方で意味が変わる例を聞いたが、これは決して例外的なことではない。英語にはいくらでもある。ここでは、さらに詳しく見ていこう。

　1.～ 6. は「ホワイトハウス」と同種の例だ。「ホワイトハウス」もそうなのだが、2つの語(「形容詞＋名詞」や「名詞＋名詞」の組み合わせ) からなる1語の名詞、すなわち複合語では、前の語に強強勢が置かれ、後ろの語には中強勢がくる。一方、普通の「形容詞＋名詞」では、前の形容詞が中強勢となり、強強勢は後ろの名詞にくる。

　1. は形容詞＋名詞で「冷たいクリーム」という意味だ。そこで後ろの cream に強強勢が置かれる。2. は化粧品の「コールドクリーム」、つまり複合語なので前の cold が強い。

　また、3. は「緑の家」なので後ろの house が、4. は「温室」という意味の複合語なので前半の green が強い。

　5. は単に「暗い部屋」なので後ろの room が、6. は「暗室」*という意味の複合語だから前半の dark が強い。

　同様のことは、「...ing ＋名詞」にも当てはまる。...ing には現在分詞の用法と動名詞の用法があるが、これらも強勢上の区別があるのだ。現在分詞は性質的には形容詞だ。そのため、後ろの名詞に強強勢が付く。一方、動名詞はその名の通り、性質は名詞だ。そこで「名詞＋名詞」の複合語と同様の扱いになり、前の動名詞に強強勢が置かれる。ちなみに、「動名詞＋名詞」は「名詞＋ for ＋動名詞」の意味だ。

　7. の sleeping は「眠っている」、9. の driving は「激しい」という意味で、どちらも現在分詞が完全に形容詞化した例だ。これらは、後ろが強い。一方、8.、10. は動名詞なので前の語が強い。

　日本人は、微妙な意味を伝える2段階の強勢に無頓着だ。しかし、強勢を間違えれば、顔に生クリームを塗り、ケーキにコールドクリームを塗るような、奇妙な意味になってしまう。意味をきちんと伝えようと思えば、強勢への配慮を忘れないようにしたい。

＊ フィルムを使った写真の現像処理用の、外光を遮った部屋

強勢の移動

 次の英文を下線部に注意して聞き、音声について発音してみよう。

1. The Nobel Prize was created by Alfred Nobel.

2. Dick's wife is Japanese, but he is poor at the Japanese language.

3. She enjoyed afternoon tea yesterday afternoon.

4. My name is Alexander, Alexander Jones.

5. He is fourteen, fourteen years old.

6. The BBC reporter commented on the U.S. government.

7. The professor uses audiovisual aids in his classes.

8. He majors in mathematical economics.

9. I took a friend of mine from Heathrow Airport to Piccadilly Circus.

10. The airplane is now on automatic pilot.

訳

1. ノーベル賞はアルフレッド・ノーベルが創設した。
2. 妻が日本人なのに、ディックは日本語が下手だ。
3. 彼女は昨日の午後、アフタヌーン・ティーを楽しんだ。
4. 私の名前はアレキサンダー、アレキサンダー・ジョーンズです。
5. 彼は 14、14 歳だ。
6. BBC のリポーターはアメリカ政府についてコメントした。
7. その教授は視聴覚教具を授業で使う。
8. 彼の専攻は数理経済学だ。
9. 私は友人を、ヒースロー空港からピカデリーサーカスに連れていった。
10. 飛行機は今、自動操縦です。

解　説　リズムが優先して強勢の位置は移動する

　実は、英単語の強勢位置というのは、私たちが思っているほど固定したものではない。英語は強と弱が交互に現れるリズムを好む。このリズムを実現しようとして、「強勢移動」が起こる。

　強勢の意義は、それの付く音節、ひいては単語を目立たせることである。強勢が続いては、目立たせる力が弱まってしまう。そのため、強勢が続くパターンは嫌われるのだ。その結果、2つ強勢がある表現では、前の強勢は、後ろの強勢からできるだけ離れた所にその居場所を見つけようとする。そして、より前の、強勢が現れることのできる位置に移動するわけだ。

　1. の Nobel と Nobel Prize で見てみよう。Nobel はもともと強勢が後ろにある語だ。そのままだと、Nobél Príze と強勢が連続してしまう。これを避けるため、前の強勢がより前にずれ、Nóbel Príze となる。なお、ひとまとまりの発音単位（句など）では、強強勢は1つしかない。そこで、Nobel が中強勢になり、Nòbel Príze となる。

　ところで、強強勢が後ろにあるのは、英語では基本的な発音パターンだ。2. の (the) Japanese language や 3. の afternoon tea などの「形容詞＋名詞」は言うまでもなく（Nobel や BBC、U.S. なども形容詞として働いている）、4. の Alexander Jones などの人名、9. の Heathrow Airport、Piccadilly Circus などの地名もそうだ。強勢移動を受けた語の、本来の強勢位置を以下に示しておく（例文に示されていないもののみ）。

e.g. BBC̀、Ù.Ś. (略語は通常、最後が強まる)、àudiovísual、màthemátical、Hèathrów *、Pìccadílly、àutomátic

　以上の強勢位置を見ると、共通点があることが分かる。強勢移動が起こる語は、単独で発音される場合、前に中強勢、後ろに強強勢がある長めの語だ。そして強勢移動は、その語の直後に、強強勢を持つ語が来る場合に生じる。前の語の中強勢の位置に強勢が残り、前の語の強強勢は消えるのだ。この現象は、私たちが思う以上によく現れる。英語では、語の強勢よりも、句単位のリズムが優先されるのだ。

　ここに挙げた以外の、強勢移動がよく起こる形容詞には、ìnternátional、cròss-cúltural、ècológical、ècofríendly、ùnivérsal などがある。

＊ Heathrow はもともと Hèathrów なのだが、現在は Héathrow という言い方をすることが多い。

EXERCISES

今日、学習したことをおさらいしよう。

DL 14

1. 音声をよく聞き、(1)から(6)の下線部でそれぞれ最も強く発音される母音にアクセント記号（´）を付け、次に、それらの意味を答えよう（なお、ここでは本来1語でつづる複合語も、2語に分けて表記してある）。

2. 波線部 bamboo chair のリズム上の特徴を考えよう。

Tour Guide: Well, everyone, let's move on to the east wing of the castle.

Tourist: "The east wing"—pretty fancy. The only wings in my house are on my parakeet, Shirley. Heh-heh.

TG: Well ... let's go into the study, shall we? This is where the young Baron von Sturmundrung had lessons with his English teacher, and ...

T: Was that his ⁽¹⁾English teacher, or his ⁽²⁾English teacher? 'Cause some people who aren't English teach English, and some people who are English teach —

TG: Both. He was English and he taught English. Now, this bamboo chair was given to the family in the 18th century by the King of Siam ...

解答と解説

1.(1) Énglish teacher（英語の教師）
 (2) English téacher（イギリス人の教師）
 (3) bláckboards（黒板）
 (4) black bóards（黒い板）
 (5) gréenhouse（温室）
 (6) green hóuse（緑色の家）
2. 解説参照。

29ページでも述べたように、強強勢は、「形容詞＋名詞」では後ろに、複合語では前に来る。問題 1. はこの点から、それぞれの意味を判断する。

(1) は前の English が強いことから、「英語」と「教師」という2つの名詞からなる複合語。一方、(2) は後ろの teacher が強いことから、「イギリス人の」という形容詞と「教師」が結び付いたものだ。

(3) は前の black が強いので、複合語。「黒板」の意味だ。一方、(4) は後ろの

T: That's a bamboo chair, right?

TG: Yes, that's right. Now, this is the chair ...

T: I thought it was wicker. Heh-heh.

TG: This is the chair in which the Baron sat to take his lessons, and ...

T: Was there a blackboard?

TG: Pardon me?

T: But maybe they didn't have (3)black boards then. Maybe they just had (4)black boards or something, that ...

TG: Now, if you'll all look out the window, you'll see the (5)green house that was specially built for ...

T: I don't see any (6)green house. I just see a big glass building. Heh-heh.

TG: And how would you like to see the inside of that building?

T: Hey, sure! Let's go!

TG: Wait right here, everyone! I have the key! Heh-heh!

■語注　parakeet: インコ

boards が強いので、「形容詞＋名詞」の「黒い板」という意味。

　(5) は前の green が強い。そのため、複合語で「温室」の意味になり、(6) は後ろの house が強いので、文字通り「緑色の家」だ。

　問題 **2.** の bamboo chair は強勢移動の例だ。bamboo は、単語として見ると後ろの -boo にアクセントがある。しかし形容詞として使われると、chair との強勢の間隔を広げるために、通常は最初の例のよう

に bam- が強く発音される。ただ、2度目の bamboo chair では -boo が強まっている。これは、材質を確認するため、bamboo だけを強調したからだ。そのため普通のアクセント位置に戻ったのだ。

　なお、強勢移動の例は意外に多い。さらにほかの例を挙げておこう。Chìnése ＋ lánguage → (the) Chìnese lánguage、gòod-lóoking ＋ gírl → gòod-looking gírl

（会話文の訳は p. 122 にあります）

第**4**日

母音

bus、boss、bass——音を聞いて日本語で表記しようとすると、どれも「バス」になるかもしれない。しかし、実際に聞こえてくる音色は -u-、-o-、-a- でそれぞれ異なる。日本語にない英語の母音には、どんなものがあるのだろうか?

Warm-up 次の問題にチャレンジしてみよう。

音声を聞き、{ }から適語を選びなさい。

(1) I managed to catch the {bass / bus / boss}.

(2) I managed to catch the {bass / bus / boss}.

(3) I managed to catch the {bass / bus / boss}.

(4) She's fond of high {hills / heels}.

(5) She's fond of high {hills / heels}.

(6) I picked up a {ball / bowl}.

(7) I picked up a {ball / bowl}.

解説　英語の母音は日本語の母音より はるかに種類が多い

　日本語の母音は「ア」、「イ」、「ウ」、「エ」、「オ」の5種類しかない。しかし、英語の母音ははるかに種類が多い。だから、日本語の5種類の母音だけですべてを済まそうと思ってはいけない。そんなことをすれば、明らかに誤解を招く。たとえ自分でうまく発音できないとしても、少なくとも、聞いて分かるようにはしたい。そうでなければ、左ページのような文の区別はできず、正確な聴解がおぼつかなくなる。

　では、英語の母音を区別をできるようになるにはどうすればよいか。単純だが、とにかく何度もその音を聞くことだ。1回や2回聞いて満足してはならない。リピート再生で果てしなく聞こう。音を聞く際には、フィルター（先入観）があってはいけない。あくまで、子供のような素直な気持ちで音に接することだ。意味などは考えなくてよい。無心に何度も聞き、音の響き方を頭に焼き付けよう。

　もうひとつ方法がある。それぞれの母音の出し方を学び、正確に音を作れるようにすることだ。音が正確に出せるようになると、初めのうちは耳で音の区別ができなくても、次第にできるようになる。正確に音を出すことで、発声器官の感覚が鋭敏になり、それと聴覚を結び付けられるようになるからだ。いずれにしろ、発音はスポーツと同じで、それなりの反復練習があって初めてできるようになるのだ。

解答

(1) bus　　　[bʌ́s]
(2) boss　　 [bɔ́s]
(3) bass　　 [bǽs]
(4) heels　　[híːlz]
(5) hills　　 [hílz]
(6) bowl　　 [bóʊl]
(7) ball　　　[bɔ́ːl]

　(1)~(3)は「ア」と聞こえる母音の聞き分けだ。英語の母音の中でも種類が多いため、区別が最も難しい。区別のポイントは口の開き具合と長さだ。

　(4)と(5)では、長さではなく、音の鋭さが区別のポイントだ。(4)が鋭い [iː] で、(5)は [ɪ] だ。

　(6)と(7)は口の開き具合がかなり違う。そのため、全く別な音に聞こえる。

訳

(1) なんとか、バスに乗れた。
(2) なんとか、上司を捕まえた。
(3) なんとか、魚のバスを捕まえた。
(4) 彼女はハイヒールが好きだ。
(5) 彼女は高い丘が好きだ。
(6) 私は茶わんを拾った。
(7) 私はボールを拾った。

PART 1

「ア」と聞こえる母音

次の英文を下線部に注意して聞き、音声について発音してみよう。

1. You're on the right track.　　　　　　[æ]

2. You're on the right truck.　　　　　　[ʌ]

3. Without a doubt, it was he who shot it.　[ɑ]

4. Without a doubt, it was he who shut it.　[ʌ]

5. There was a big battle here.　　　　　[æ]

6. There was a big bottle here.　　　　　[ɑ]

7. The swan swam in the pond.　　　[ɑ][æ][ɑ]

8. My boss often takes a bus to fish for bass in the lake.　　　　　　　　　[ɑ][ʌ][æ]

9. He got back to the farm.　　　　　　[ɑɚ]

10. He got back to the firm.　　　　　　[ɚː]

訳

1. 君は正しい。
2. 君は乗るべきトラックに乗っている。
3. それを撃ったのは、疑いもなく彼だ。
4. それを閉めたのは、疑いもなく彼だ。
5. ここで大きな戦いがあった。
6. ここに大きな瓶があった。
7. その白鳥は池で泳いだ。
8. 私の上司はよくバスに乗って、湖にバス釣りに行く。
9. 彼は農場に戻った。
10. 彼は会社に戻った。

解説　英語の「ア」は 8 種類!?

　日本語には「ア」は 1 種類しかない。長さで区別するにしても「ア」と「アー」の 2 種類のみだ。一方、英語で「ア（ー）」に当たると分類されるのは、[ʌ]、[ɑ]、[æ]、[ɑɚ]、[ɚː]、[ɑː]、[ə]、[ɚ] の 8 つだ。区別を知らなければ、発音、聴解ともにままならない。頑張って覚えてほしい。

　まず、上の 8 つの母音は、強勢母音と無強勢母音に分かれる。[ɚ] と [ə] は無強勢母音だ。[ə] は 21 ページを参照。[ɚ] はアメリカ英語特有の母音で、er、ar などの、 r のつづりのある無強勢の音節に現れる。音の出し方は後述の [ɚː] と同じだが、より弱く短く発音する。[ə]、[ɚ] 以外の母音はいずれも強勢音節に現れる。それぞれの音を整理しよう。

短母音 [ʌ]、[ɑ]、[æ]

▶ [ʌ]：口を半開き程度にして力を抜いて出す。短いのが特徴で、ちょっとだけ驚いたときに出す「アッ」に近い。音質は暗く曇った感じだ。アメリカ人には「ウ」に近い音を出す人もいる。

▶ [ɑ]：口を大きく開け、のどの奥の方から出す。上を向いてうがいをするイメージを抱くとよい。長めに発音される。

▶ [æ]：「エ」の口の形で「ア」を出す。長めに発音する。アメリカ人の中には、「ェアー」と二重母音のようにかなり長めに発音する人もいる。

長母音 [ɑː]、[ɑɚ]、[ɚː]

▶ [ɑː]：[ɑ] を長めに発音した母音（[ː] は長音化記号）。father の下線部が典型。ただし、現在のアメリカ英語では [ɑ] も長めに発音されるため、両者の差はあまりない。

▶ [ɑɚ]：[ɑː] の終わりに [r] を添えた音。[ɚ] は、[r] を母音として表記したもの。これは舌を浮かせる音だ。なお、[ɑ] では舌は決して浮き上がらない。そこから [ɚ] に移行するときに舌が上がっていくのだ。

▶ [ɚː]：以前は [əːr] と表記していたが、[əː] から [r] に移行するのではなく、[r] の音色を最初から含んだ 1 つの長い母音だ。[ʌ] を出すように口を半開きにし、力を抜く。同時に舌先を反らすか、舌の付け根を後ろに引き上げる。アメリカ英語らしさを生み出すこもった響きを持つ母音だ。

「イ」、「ウ」、「エ」、「オ」と 聞こえる母音

次の英文を下線部に注意して聞き、音声について発音してみよう。

1. Look at that mitt. [ɪ]

2. Look at that meat. [iː]

3. Leave him alone; he likes living alone. [iː][ɪ]

4. He washed off the soot. [ʊ]

5. He washed off the suit. [uː]

6. He's worried about his debt. [ɛ]

7. He's worried about his date. [eɪ]

8. Pat sewed it. [oʊ]

9. Pat sawed it. [ɑː]

10. He bought forty boats. [ɑː][ɔ˞][oʊ]

訳

1. あのミットをご覧なさい。
2. あの肉をご覧なさい。
3. 彼のことは放っておきなさい。彼は独りで暮らすのが好きなんだ。
4. 彼はすすを洗い流した。
5. 彼はスーツを洗った。
6. 彼は借金のことを心配している。
7. 彼はデートのことを心配している。
8. パットはそれを縫った。
9. パットはそれをのこぎりで切った。
10. 彼はボートを 40 そう買った。

解説　母音の区別は長短ではなく音質の差

英語の母音は、「ア」以外でも微妙な違いがある。特に 1. ～ 7. は、短母音と長母音の対を説明するための例文だ。だが実は、これらの母音の区別は、長短の差ではなく、むしろ音質の違いがポイントとなる。短母音はどれも口が緩んでおり、長母音では緊張することを確認しよう。

▶ [ɪ]：従来は [i] と表記されたが、次の [iː] とは音質が異なるので、現在では [ɪ] と表記されることが多い。カタカナの「エ」を細くしたような形だが、文字通り「エ」と「イ」を足して 2 で割ったような音だ。口は緊張させず半開きで出す。日本人にはしばしば「エ」とも聞こえる。

▶ [iː]：口を思い切り横に引っ張って出す、鋭い「イ」。

▶ [ʊ]：「オ」と「ウ」を足して 2 で割ったような音。口の力は抜く。*1

▶ [uː]：唇を口笛を吹くぐらいすぼめて出す。口には力を入れる。

▶ [ɛ]：これと [eɪ] の区別は、日本人には比較的やさしい。[ɛ] は日本語の「エ」よりも口を大きく開く。ナレーションでもそうだが、アメリカ人の中には、[ʌ] に近いあいまいな響きの母音を使う人もいる。

▶ [eɪ]：「エ」に軽く「イ」を添える。二重母音では、最初の要素の方が長く発音され、2 番目の要素は軽く添えられる程度だ。難しければ「エ」を延ばすだけでもよい。

　8. ～ 10. は「オー」に聞こえる母音だ。8. は [oʊ]、9. は [ɑː]、10. ではさらに [ɔɚ] も加えてある。

▶ [oʊ]：唇を丸めて「オ」と言ってから、軽く「ウ」を添える。ただし、アメリカ人の中には、[oː] と長母音で発音する人もかなりいる。

▶ [ɑː]：口を大きく開けて、のどの奥から出す「アー」。以前は [ɔː] と表記していた母音。アメリカ英語では、口の開きが大きく、実際には [ɔː] というよりも、[ɑː] と表記すべき音質なのだ。代表的なつづりは au や aw だ。

▶ [ɔɚ]：これは bought の [ɑː] とは異なり、[ɔː] そのものの音質を残している。*2 つまり、口を大きめに開けた「オ」であり、決して「ア」ではない。それに舌を浮かして出す音の [ɚ] を添える。代表的なつづりは or だ。

*1 従来、[u] と表記されていたが、[uː] とは音質が違うので、今は [ʊ] と表記されることが多い。
*2 ナレーションを聞けば分かるように、10. の bought と forty の母音の音質は明らかに違う。bought の母音は旧来、[ɔː] と表記されてきたが、左ページのように [ɑː] と表記されるべきなのだ。

EXERCISES

今日、学習したことをおさらいしよう。

DL 18

1. (1)～(9)は、3つの発音記号から言われているものを選ぼう。
2. (10)～(16)の空欄に言われている単語を書き取ろう。

Rachel: Hey, Martin ... let's do something really different this weekend.

Martin: OK. How about going fishing? You know, my [(1)][bǽs/bús/bʌ́s] takes a [(2)][bǽs/bús/bʌ́s] to the lake and goes fishing for [(3)][bǽs/bús/bʌ́s].

R: No, no, I mean something really different. Like spelunking.

M: Spe-what-ing?

R: Spelunking. Cave exploration. You go into a cave and look around.

M: And see absolutely nothing, 'cause it's pitch black in there.

R: No, dummy, you bring flashlights. And you see beautiful rock formations, and stalactites and stalagmites, and ...

M: And [(4)][bǽts/búts/bʌ́ts]! Caves have [(5)][bǽts/búts/bʌ́ts], right?

R: Well, I suppose some do, [(6)][bǽt/bút/bʌ́t] ...

M: No [(7)][bǽts/búts/bʌ́ts] about it! [(8)][bǽts/búts/bʌ́ts] like caves ... and I don't like [(9)][bǽts/búts/bʌ́ts]! And another thing ... what if the cave collapses while we're in it? It happened to

---

解答と解説

1. (1) [bús] (boss)　(2) [bʌ́s] (bus)
(3) [bǽs] (bass)　(4) [bǽts] (bats)
(5) [bǽts] (bats)　(6) [bʌ́t] (but)
(7) [bʌ́ts] (buts)　(8) [bǽts] (Bats)
(9) [bǽts] (bats)
2. (10) bought　(11) land
(12) border　(13) bottle　(14) heard
(15) won　(16) battle

　(1) の boss と (2) の bus の違い、つまり [ɑ] と [ʌ] の違いはかなり微妙だ。音質だけでは、その差は極めて感じ取りにくい。その場合、手掛かりは長さである。(1) の [ɑ] はかなり長めで、(2) の [ʌ] は短い。

　(6) にアメリカ英語らしい典型的な [ʌ] が現れている。口があまり開いていない、曇っ

40

my great-grandfather in 1933.

R: Give me a break.

M: It's true! He ⁽¹⁰⁾(　　　　　) some ⁽¹¹⁾(　　) near the state ⁽¹²⁾(　　) and discovered a cave there. So he started keeping whiskey in it.

R: Whiskey?

M: You see, this was during Prohibition.

R: Aha. He made his own whiskey and hid it.

M: Right. So one day he went in the cave to get a ⁽¹³⁾(　　). Then he ⁽¹⁴⁾(　　　) someone outside yelling, "We ⁽¹⁵⁾(　　) the ⁽¹⁶⁾(　　)! Prohibition is over!"

R: I guess your great-grandfather was happy.

M: So happy he started jumping up and down and shouting. It was at that moment that the accident happened. The cave ... caved in.

R: So ... was he killed?

M: Well, no—but all the bottles were broken. Anyway, the point is ...

R: The point is, let's go spelunking this weekend.

M: Well ... OK. But don't forget the bat repellent.

たあいまいな感じがよく出ている。ところで、普段、短く発音される [ʌ] をじっくり聞こうと思ったら、love [lʌ́v] という語に注意して洋楽を聞くとよい。love は歌のサビの部分でよく使われるので、ゆっくり発音されることがよくあるからだ。

(10) は bought の母音の音質を聞いてもらうための問題。[ɔː]「オー」ではなく [ɑː]「アー」が使われている。(12) は [bɔ́ɚdə] で、

母音は「オァ」という感じだ。辞書などでは bought と border の下線に同じ発音記号 [ɔː] を使うことがあるが、アメリカ英語では適切とはいえない（→ p. 39 参照）。

(15) の発音は [wʌn] だ。これは one と同一の発音なので、注意しよう。

(11)、(13)、(14)、(16) の発音は、それぞれ [lǽnd]、[bátl]、[hɚ́ːd]、[bǽtl] だ。

（会話文の訳は p. 122 にあります）

第 **5** 日

子音

英語の子音には日本語にないものも多く、区別の難しいことが少なくない。ここでは、有声音と無声音、破裂音、そして摩擦音と破擦音の中から、日本人にとって問題になりやすい子音の発音を見てみよう。

Warm-up 次の問題にチャレンジしてみよう。

 音声を聞き、選択肢から適語を選びなさい。

(1) The museum displays {locks / rocks}.

(2) The museum displays {locks / rocks}.

(3) There aren't any {themes / seams}.

(4) There aren't any {themes / seams}.

(5) Let's take a {boat / vote}.

(6) Let's take a {boat / vote}.

解説　口の緊張が緩む有声音、口が緊張している無声音

　英語の子音も、母音に負けず劣らず種類が多い。しかも、[l] と [r] のような、日本人には容易に区別できない似たような音がいくつもある。しかし、子音の違いは意味の違いを生み出す。ないがしろにはできない。

　英語の子音を区別して整理するには、いろいろな基準がある。ここではまず、有声音と無声音の区別について述べよう。これは文字通り「声を伴う子音か否か」ということで、例えば、[b] と [p]、[z] と [s] では、[b] と [z] が有声音で、[p] と [s] が無声音だ。これらのように、音の作り方（口の構え）が同じで、有声か無声かが異なるペアは多い。しかし、[n]、[l]、[r] などのように有声音しかないタイプの子音もあれば、[h] のように無声音しかないタイプもある。

　ただ、より正確に言うと、[b] と [p]、[z] と [s] などの違いは、声の有無だけでは説明しきれない。例えば bet と pet は、声を伴わないささやき声で発しても区別できる。これは両者に、声の有無ばかりでなく、もっと本質的な違いがあるからだ。その違いは口の緊張だ。有声音では緊張が緩み、無声音では口が緊張する。

　なお、本書では残念ながら、英語のすべての子音を取り上げてはおらず、日本人にとって問題となる子音を扱うにとどめた。残った子音については、またの機会に説明したい。

解答

(1) locks
(2) rocks
(3) seams
(4) themes
(5) boat
(6) vote

　(1) と (2)、(3) と (4)、(5) と (6) は、それぞれ日本人にとって区別の難しい代表的な子音だ。区別できるようにするには、それぞれの音をよく聞き、説明できなくても構わないから微妙な違いを感じ取ろうとすることだ。また、正確な発音法を学び、何度もその音を出す練習をして、舌や口の構えの感覚を身につけるのも有効だ。

訳

(1) その博物館は錠前を展示している。
(2) その博物館は岩を展示している。
(3) 縫い目がまったくない。
(4) テーマがまったくない。
(5) ボートに乗ろう。
(6) 投票しよう。

口の一部を閉じて作る子音

DL
20

次の英文を下線部に注意して聞き、音声について発音してみよう。

1. Pete pulled on the rope.　　　　　　　　[p]

2. Bill pulled on the robe.　　　　　　　　[b]

3. Ted made a bet.　　　　　　　　　　[t]

4. Dick made a bed.　　　　　　　　　[d]

5. Kate looked at the lock.　　　　　　　　[k]

6. Gail looked at the log.　　　　　　　　[g]

7. Chuck prepared for the search.　　　[tʃ]

8. Jeff prepared for the surge.　　　　[dʒ]

9. I met Kim.　　　　　　　　　　　　[m]

10. I met my kin.　　　　　　　　　　[n]

11. I met the king.　　　　　　　　　[ŋ]

訳

1. ピートはロープを引いた。
2. ビルはローブを着た。
3. テッドは賭けをした。
4. ディックはベッドを整えた。
5. ケートは錠前を見た。
6. ゲールは丸太を見た。

7. チャックは捜索の準備をした。
8. ジェフは高潮に備えた。
9. 私はキムに会った。
10. 私は親類に会った。
11. 私は王様に会った。

解説　rope と robe の ro- は長さも違う

Part 1 ではまず、「口の一部を閉じて作る子音」を見てみる。

1. 〜 6. は「破裂音」だ。破裂音とは、口の一部を閉じて息をため、そしてそれを一気に吐き出すことで作る子音で、1、3、5 の奇数番は無声音で、偶数番は有声音だ。

1.と 2. は唇を閉じて作る音だ。日本人にとって難しい音ではない。ただし、[p] は日本語よりも強い。[*1] ところで、rope、robe のような語末での無声・有声の違いは要注意だ。この違いは、直前の母音の長さにまで影響を与える。rope が「ゥロゥプ」、robe は「ゥローゥブ」のように、同じ母音が、無声子音の前では短く、有声子音の前では長くなるのだ。この性質は、すべての無声子音、有声子音に当てはまる。[*2]

3. と 4. は舌先を上の裏歯茎に押し当てるペア、5. と 6. は舌の付け根を口の奥に付けるペアだ。語頭の無声子音が強くなることと、語末に有声子音があると直前の母音が長くなることに注意しよう。bet は「ベット」で、bed は「ベーッド」、lock は「ヌラック」(p. 47 参照) で log は「ヌラーッグ」だ。

7. と 8. は「破擦音」だ。破擦音とは、破裂音と摩擦音の両方の性質を持った子音だ (摩擦音については p. 47)。つまり、口の一部で息を止めてから一気に出すが、その際、擦れる音も伴うのだ。7. の [tʃ] はほぼ「チ」だ。ただ、日本語よりも唇を丸める。8. の [dʒ] は、その「チ」に濁点を付けた音だ。やはり語末では直前の母音の長さに注意。

9. 〜 11. は「鼻音」だ。鼻音は、口の一部をいったん閉じる点では破裂音と共通だ。口の構えは、[m] が [p] と [b]、[n] が [t] と [d]、[ŋ] が [k] と [g] に対応する。しかし、鼻音ではいったん止めた息を、口ではなく鼻から抜く。しかも、鼻音には有声音しかなく、伸ばせる。これらが鼻音の特色だ。

鼻音で注意すべきは語末の [n] と [ŋ] だ。日本語では、語末の「ン」を言うときには舌先をどこにも付けない。しかし、英語の [n] は必ず舌を上歯茎に付ける。そのため、kin のように [n] で終わる語は、「キンヌ」のように最後に軽く「ヌ」が響く。一方、[ŋ] は、日本語にもある「鼻濁音」だ。語頭以外に現れる「ガ」行子音で、明確な「ガ」ではなく、「ンガ」といった音だ。[*3]

*1 「強い」とは、[p] の始まりから母音にいたるまでの瞬間に息がたっぷり出るということだ。Pete のように語頭にあるととりわけ強く、口の前にティッシュをぶら下げて発音したときに、ティッシュが激しく揺れなくてはならない。これは無声の破裂音に共通の特徴で、[t]、[k] も同様だ。

*2 日本語にはない違いなので、私たちは、有声音で終わる場合の母音が短くなりがちだ。しかし、ネイティブは、声の有無より、直前の母音の長さによって区別をしている。

*3 語末ではほとんど「ガ」の部分が聞こえない。はっきりした [g] が現れないように注意。

息を止めずに作る子音

DL
21

次の英文を下線部に注意して聞き、音声について発音してみよう。

1. Theodore has a big mouth. [θ]

2. Sidney has a big mouse. [s]

3. He breathed deeply, enjoying the pleasant breeze. [ð] [z]

4. That was his sin. [s]

5. That was his shin. [ʃ]

6. Virgin Atlantic purchased a new version of the plane. [dʒ] [ʒ]

7. They discussed the new fan. [f]

8. (a) They discussed the new van. [v]

   (b) They discussed the new ban. [b]

9. This road is right. [r]

10. This load is light. [l]

訳

1. セオドアはおしゃべりだ。
2. シドニーは大きなネズミを飼っている。
3. 彼は風を心地よく感じて深呼吸した。
4. あれは彼の罪だった。
5. あれは彼のすねだった。
6. バージンアトランティック社は、その

飛行機の新モデルを 1 機購入した。
7. 彼らは新しい扇風機について論じた。
8. (a) 彼らは新しいワゴン車を話題にした。
   (b) 彼らは新しい禁止令を話題にした。
9. この道で間違いない。
10. この荷物は軽い。

解説　[θ]と[s]、[v]と[b]、[r]と[l]はどう違う？

　次に、息を止めずに作る子音を見てみよう。代表は「摩擦音」と呼ばれる子音だ。摩擦音とは、口の一部を狭くして、そこに息を通すことで出る擦れる音のことだ。また、[r]と[l]は擦れる音すら伴わずに息が流れ出る音で、「流音」という。摩擦音と流音の特徴は、いったん息を止める破裂音や破擦音とは違い、音を滑らかに伸ばせるということだ。

　1.と2.は[θ]と[s]の比較だ。[θ]では、舌先が上の前歯の先端に軽く付いている。*1　[s]に比べて響かず、乾いた感じがする。一方、[s]は日本語とほぼ同じだが、響きがより強い。舌の両側を持ち上げて、舌の中央を凹ませて、息を強く通すからだ。また、[θ]に比べて強く、高く、よく響く。[θ]と[s]の発音上の区別は、音を口の前で作るか、やや引いて作るかだ。

　3.は[θ]と[s]の有声音[ð]と[z]の区別だ。[ð]の方が弱々しく響く。

　4.と5.は「イ」が後続する場合の[s]と[ʃ]の区別だ。*2　[sɪ]や[siː]はやや力を入れるが、[ʃɪ]や[ʃiː]は力を抜き、同時に唇を丸めて突き出す。

　6.は[ʒ]と[dʒ]の区別だ。この区別は基本的に日本語にはない。そのため、両方の音が同じに聞こえてしまう。[ʒ]は[ʃ]の有声音なので、「シ」に濁点を付ける感じだ。滑らかに伸ばせる。一方、[dʒ]は「チ」に濁点の破擦音だ。舌で息を止めて出すので、滑らかに伸ばすことはできない。結局、[ʒ]と[dʒ]の区別は、舌先を口内に付けないかどうかだ。

　7.と8.は[f]と[v]のペアだ。両音とも、下唇の内側に上の前歯で軽く触れる。決して力を入れる必要はない。無声なら[f]、有声なら[v]だ。また、[v]と比較するため(b)に[b]の例も挙げた。[v]は摩擦音なので伸ばせるが、[b]は伸ばせない。両者をはっきり発音し分けるには、[v]は力を抜き、できるだけゆっくり伸ばし気味に発音するとよい。

　9.と10.は[r]と[l]の区別だ。[r]は、舌を浮かせて、どこにも付けないで、唇をやや丸める。こうして声を出せば作れる、こもった音だ。アメリカ英語では、[r]はねっとり重く大げさに響く。一方の[l]は、舌先を上の裏歯茎にしっかり付ける。[n]と同じ構えだ。このまま声を出す。*3　ただし、息は鼻からではなく、舌の両側を通って出る。[r]に比べあっさりした感じがする。[r]と[l]の最大のポイントは、舌先が口内に付くか([l])、否か([r])である。

*1 よく上下の前歯で舌をかめ、と言われるが、そこまでする必要はない。ただ、それぐらい舌先を前に出すことは意識したい。
*2 カナで書けば[siː]は「スィー」、[ʃiː]は「シー」だ。この違いをあいまいにしてはいけない。
*3 このため、lightをカナで表記すれば「ヌライト」となる。なお、rightは「ゥライト」だ。

EXERCISES

今日、学習したことをおさらいしよう。

DL 22 音声をよく聞いて、カッコの中を埋めなさい。

Paula: You're soaked!

Donald: I got caught ⁽¹⁾( ) ( ) ( ).

P: Is it raining?

D: Yes, it just started a few seconds ago.

P: Here, you'd better get out of those wet clothes.

D: Good idea ... Where are ⁽²⁾( ) ( ) ( ) ( )?

P: I don't know. Aren't they in the sock drawer?

D: No, they're not here.

P: Well, grab any old pair of socks, then.

D: Nope. I want to wear those socks.

P: ⁽³⁾( ) ( ) ( ), Donald.

D: I am not. I want to change into these chinos, and those are the only socks that go with these pants.

P: Well, if you look at it that way, Mr. Armani, I suppose ⁽⁴⁾( ) ( ).

D: Ah, found 'em. ⁽⁵⁾( ) ( ) ( ) in the back.

解答と解説

(1) in the rain
(2) my thick red socks
(3) You're seriously sick
(4) you're right
(5) They were buried
(6) Playing with the cat
(7) that smile off your face
(8) love it when you're angry

前後関係から考えれば、答えはすぐ分かってしまう空欄がほとんどだ。だが、ここでは聞き取りの練習問題として、素直に音に集中してほしい。

ただ、前後関係で分かるということは、多くの場合、聞き分けに多少不安があっても、何とかなるということだ。前後関係がはっきりしていれば、例えば、rice（ご飯）と lice（しらみ）などを間違うはずがない。42 ページで挙げたペアの例文も、前後関係があれば、それほど神経質にならなくて

48

P: Now what are you doing?

D: ⁽⁶⁾(　　　) (　　) (　　) (　　).

P: Shoot! You're getting her all wet!

D: Oh, she loves it.

P: Donald, dry off and get changed. Stop fooling around.

D: Yes, ma'am!

P: Wipe ⁽⁷⁾(　　　) (　　　) (　　) (　　) (　　), Donald. You're not funny.

D: I just ⁽⁸⁾(　　　) (　　) (　　) (　　　) (　　).

P: Donald!

D: OK, OK. But what's the hurry?

P: The Johnsons are coming over.

D: They are? I thought they were coming over on Thursday.

P: Yes, and what day is it today?

D: Wednesday?

P: No, it's Thursday, and they'll be here in five minutes.

D: Ah. I've got to change.

■語注　Mr. Armani：世界的に有名な服飾ブランド「アルマーニ」にかけた皮肉

よいだろう。むしろ、似た音を持つ語については、聞き分けよりも、私たちが発音する際の方が問題は切実だ。間違った発音をすることで、聞き手を混乱させる可能性が大きいからだ。

　参考までに、各問のポイントとなる語と発音が似た語を挙げておこう。

　(1) rain と lane（小道）、(2) thick と sick、red と lead[léd]（鉛）、(3) sick と thick の区別に注意。また、seriously の下線部の音も間違えないように。(4) right と light（軽い）か write（書く）。write は語頭に w があるが、発音は right と同じ [ráɪt] なので気を付けよう。

　(5) buried と belly（おなか）、bellied（膨らんだ）、(6) playing と praying（祈る）、(7) face と faith（信念）、(8) love と rub（こする）、angry は ugly（醜い）と混乱しないように。

（会話文の訳は p. 123 にあります）

短縮形

I am の I'm、is not の isn't といった短縮形はおなじみだ。しかし、自然なリズムを生み出すために音が短縮されると、耳ではとらえきれない音がどんどん出てくる。ここでは、音が短縮されるときのいろいろなパターンを理解しよう。

Warm-up　次の問題にチャレンジしてみよう。

DL 23　音声を聞き、空所に適語を記入しなさい。

(1) (　　　　) been ages.

(2) (　　　　) the deal?

(3) (　　　　) get it.

(4) (　　　　) rather not, thanks.

(5) (　　　　) got to be kidding!

(6) You (　　　　) gotten in touch with her.

解 説　短縮形には意外なくせものも存在する

　短縮形は、主に「主語＋助動詞」または「助動詞＋ not」の組み合わせで使われる（ここでは助動詞に be 動詞も含めて考える）。例えば、I am が I'm、is not が isn't だ。

　短縮形がすべてこの例に挙げた程度なら、何も問題はない。しかし、現実には、およそ聞き取れないような短縮形も数多く存在する。左の問題も、そう一筋縄では行かなかったはずだ（それだけに、すべてを聞き取ることができた人は優秀だといえよう）。

　例えば、I'll は、私たちが抱いているイメージとは違った発音ではないだろうか。また、I'd の -'d は、ほとんど聞こえなくなっているだろう。should've にいたっては、習ったことなどない短縮形かもしれない。

　なお、ここでは、単語と単語が結び付いて短くなる現象を「短縮」と呼ぶ。そして、短縮が実際に起きた語句のことを「短縮形」と呼び、説明を進める。

　短縮形は、必ず使わなければならない、というものではない。ただ、日本人の発音は、機能語などの弱めるべき個所が十分に弱まらないので、リズムが不自然になりがちだ。この、弱くならない不自然さを解消する手だてのひとつが、短縮形を使うことだ。つまり、短縮は弱化の究極の形なのである。

解答

(1) It's
(2) What's
(3) I'll
(4) I'd
(5) You've
(6) should've

　上でも述べたように、(3) と (6) はくせものだ。私たちが思うよりずっと短く弱く発音されている。個々の音については、次ページ以降で詳しく説明する。

訳

(1) しばらくだね。
(2) 何の騒ぎだ？
(3) 私が（電話に）出ます。
(4) いや、遠慮しておきます。
(5) まさか！
(6) あなたは彼女と連絡を取るべきだった。

基本的な短縮形

次の英文を下線部に注意して聞き、音声について発音してみよう。

1. <u>It's</u> no big deal.

2. <u>That's</u> it!

3. <u>What's</u> going on?

4. <u>You're</u> impossible.

5. <u>I'll</u> be right back.

6. <u>I've</u> heard a lot about you.

7. I <u>can't</u> really say.

8. <u>Didn't</u> I tell you?

9. <u>Don't</u> beat around the bush.

10. <u>How'd</u> you guess?

11. Who <u>is</u> it?

訳 ▶

1. 大したことではない。
2. それだ!
3. どうしたの?
4. 困った人ね。
5. すぐ戻るよ。
6. おうわさはかねがね伺っておりました。
7. さあ、どうかな。
8. だから言ったでしょう。
9. 回りくどい言い方はやめて。
10. どうして分かったの。
11. 誰?

解 説　I'll は「アイル」とは聞こえない

　まずは 1. ～ 4. で be 動詞がらみの短縮形を見ていこう。一般に短縮は、口語で多用される。特に 2. の That's it! は、これがひとつの慣用表現なので、短縮形が必ず用いられる。

　4. の You're は、発音に注意。よく知られている「ユア（[júɚ]）」以外にも、「ヨーァ（[jɔ́ɚ]）」や、弱い発音の「ヤ（[jɚ]）」などもある。私たちがこれらすべてを発音し分ける必要はないが、知らなければ聞き取れないということはあり得る。

　5. の I'll は Warm-up でも出した例だ。あえてまたここで取り上げるのは、それだけ要注意の短縮形だからだ。一般にこの発音は「アイル」と思われている。しかし、この通りのカタカナ読みでは聞いても分からない。実際には [áɪl] で「アエゥ」と表記した方が近い。さらに、速い発音では弱まって [ɪ] が聞こえなくなり、[al]（「アゥ」）となる。[*1]

　6. の I've は、単純な短縮形だが、-'ve が聞き取りにくいので注意が必要。

　7. ～ 9. は、「助動詞＋ not」の短縮形だ。否定の短縮形は 7. の can't に限らず、強勢を付けて発音する。なお、can't と can の区別のポイントは、[t] の有無ではなく、強勢の有無だ（→ p. 19）。[*2]

　ところで、can't、didn't、doesn't など -n't で終わる短縮形では、後ろに、it などの母音で始まる語が来る場合や、子音、特に beat のように破裂音で始まる語が続く場合、-'t が脱落して聞こえなくなることがある（→ p. 79）。

　10. は極めて口語的な短縮形だ。-'d は通常 would や had を表すが、10. のように疑問詞の後に 'd が来るときは、did の短縮形であることを覚えておこう。[*3]

　最後の 11. は、短縮の起きない例だ。「疑問詞＋ be 動詞＋主語」で、be 動詞の後ろが代名詞だと、この be 動詞は強く読む。そのため、短縮は生じない。How are you? なども同様だ。

---

*1 この発音を記述してある辞書はないが、実際にはよく現れる。
*2 can't はイギリス英語では [kάːnt] と発音する。そのため、can との区別がはっきりしている。
*3 また、口語には d'you([djúː]、[dʒúː]) という短縮形もあり、これは do you の意味だ。

難しい短縮形

 次の英文を下線部に注意して聞き、音声について発音してみよう。

1. <u>That'd</u> be great.

2. I <u>will have</u> finished this job tomorrow afternoon.

3. <u>I'll have</u> finished this job tomorrow afternoon.

4. You <u>should've</u> prepared for the exam.

5. We <u>shouldn't</u> <u>have</u> left it to him.

6. He <u>must've</u> worked overtime last night.

7. She <u>might've</u> gone over it already.

8. <u>It'd</u> be nice if you would help us.

9. She <u>could've</u> solved the problem if she had asked me for help.

10. If <u>it'd</u> been rainy yesterday, we <u>wouldn't</u> <u>have</u> gone there.

11. If it <u>had</u> <u>not</u> been for his advice, I would be living a different life.

訳▶

1. いいね。
2.3. 明日の午後にはこの仕事を終えているでしょう。
4. あなたはテストに備えるべきでした。
5. それを彼に任せるべきじゃなかった。
6. 彼は昨夜、残業したに違いない。
7. 彼女はそれを既に調べたかもしれない。

8. 手伝っていただければ、幸いです。
9. もし彼女が私に助けを求めていたら、この問題を解決できただろう。
10. 昨日雨だったら、そこに行っていなかっただろう。
11. もし彼のアドバイスがなかったら、私は別の人生を送っているだろう。

解　説　助動詞＋ have の短縮形は？

　Part 2 では、あまり知られていない応用レベルの短縮形を見ていこう。

　まず 1. だが、that や it のような子音で終わる語に続く -'d は [əd] と発音する。特に米語では That'd の下線の [t] が有声化する（→ p. 75）ので、「ヅェダド」のようになる。つづりからは想像のつかない音だ。[*1]　また、8. と 10. の It'd は、さらに速まった形の [ɪd] が使われている。

　2. と 3. は同じ例文だが、短縮を違うところに使った例だ。短縮の出現方法は 1 通りというわけではないのだ。なお、2. の下線部は、つづり上は短縮形ではないが、発音上は短縮形と言えるものだ。助動詞がらみの短縮の多くは、このようにつづりには現れない。

　have が絡んだ短縮形の発音を見てみよう。2. の will have は「ウェラヴ」だ。つまり、have は弱形となって [h] が落ちて（→ p. 23）、それが will と結び付くのだ。[*2]　3. の I'll have は「アラヴ」。4. の should've は、Warm-up の (6) でも取り上げたように should have の短縮形だが、頻度が高いので、よくこのように表記される。つづり上では have の ha- が落ちるが、発音上では [h] だけが落ちて「シュダヴ」だ。同様に、6. の must've（= must have）は「マスタヴ」、7. の might've（= might have）は「マェダヴ」、9. の could've（= could have）は「クダヴ」だ。

　5. は「助動詞＋ n't ＋ have」の例だ。これは二重の短縮が生じるので、思いも寄らない発音になる。Part 1 で触れたように、-n't では -'t が聞こえなくなる。それに弱形の have が付くので、5. の shouldn't have は「シュドゥナヴ」、10. の wouldn't have は「ゥウドゥナヴ」となる。

　11. の it had not は 2 通りの短縮があり得る。ひとつは it'd not で、もうひとつは it hadn't だ（ナレーションでは it'd not の形が使われている）。否定をはっきり伝えたいため、否定の短縮形である hadn't に弱形はない。そのため、hadn't は [h] が落ちたり [ə] が使われたりはせず、[hǽdnt] と発音される。

　ところで、8. 以降のような仮定法の文では助動詞が多用される。そのため、つづりには現れない短縮形や弱形も多い。例えば、8. の would は、you と合わせて [jud] と発音しても構わない。9. の had も、[əd] ないしは [d]（特に母音の後ろの場合）だ。強形の [hǽd] が用いられることは通常はない。

　*1 ちなみに、ここでの -'d は、had ではなく would だ（発音はどちらの -'d も同じ）。後続の動詞の形から判断する。
　*2 この Part 2 の例文のあちこちにある「助動詞＋ have」も同様だ。

DL 26 音声をよく聞き、空欄の単語を書き出してみよう。

Ned: I hope ⁽¹⁾(　　) be sunny tomorrow.

Alice: Why? Are you planning a picnic?

N: No. I'm going to watch Shakespeare.

A: I love Shakespeare!

N: Why don't you come with me? Oh, yeah. You've got to prepare for the exam.

A: Yes, woe is me ... ⁽²⁾(　　) read all of his works. He's my favorite writer.

N: I've heard his stuff is pretty good.

A: His work is great. And ⁽³⁾(　　) never read any?

N: No, I ⁽⁴⁾(　　) read some. ⁽⁵⁾(　　) (　　) been nice if ⁽⁶⁾(　　) ever had the chance, but I never did.

A: Well, you ⁽⁷⁾(　　) read some Shakespeare before. Now, you ⁽⁸⁾(　　) understand a thing.

N: Why? ⁽⁹⁾(　　) seen Shakespeare plenty of times.

解答と解説

(1) it'll
(2) I've
(3) you've
(4) wanna
(5) It would've
(6) I'd
(7) should've
(8) won't
(9) I've
(10) I've got to

(1)のit'llは、ここで初めて扱う短縮形だ。形は簡単だが、その正確な発音はよく知られていない。[ɪtl] の下線部が日本人には不得手な音連続だからだ。「イウー」、もしくは「イドゥ」といった発音になる。

(4) は、短縮形に近いものとして問題に入れたが、本書では「同化」(→ p. 71) で扱う。

(5) の would've [wúdəv] と、(7) の should've [ʃúdəv] は同様の短縮形だ。いずれも私たちにはなじみが薄い。発音上はなおさらだ。特に (7) の方は [əv] がかなり

56

A: All the meaning. The nuances. The changes the characters go through.

N: Wow. You look at it much more seriously than I do.

A: Well, if you're going to enjoy something, you should learn all about it.

N: I guess so. You've given me a whole different perspective on it.

A: Where will it be?

N: Yankee Stadium, of course.

A: Yankee Stadium? I guess it is kind of round ...

N: (10)(　　) (　　) (　　) go. I have to buy the ticket. I can't wait. That Billie Shakespeare sure can pitch!

A: Bye ... Shakespeare? Yankee Stadium? Billie? Pitch? I think something is rotten in the state of Denmark ...

■語注　Woe is me.: (戯曲で使われるセリフで) 悲しいかな／ it is kind of round ...: シェークスピア劇の初演が行われた The Globe Theatre (グローブ座) が円形劇場だったことにかけている。／ Something is rotten in the state of Denmark.: シェークスピア作『ハムレット』からの一節で、悪事が発覚したときなどにこう言う。直訳は「デンマークには、何かけしからぬことがある」

弱く、ほとんど should のように聞こえる。実際にはよく使われる表現なので、ひとつの単語として覚えてしまうとよい。

(8) は [wóunt] なので won't。want [wánt] と間違えないように注意したい。want ならば後ろに to が続かなくてはいけないところだ。

(10) は正解を I've <u>got to</u> と表記したが、下線部を gotta という短縮形で書いてもよい。ナレーションの発音はやや崩れており、むしろ gotta の方が適当だともいえよう。

ナレーションの発音はかなり明瞭だが、

実際にこのような会話が行われるとすれば、短縮形はかなり弱まり、聞こえなくなることすらある。だから、短縮形がうまく聞き取れないとしても、それは致し方のないことであり、あまり悲観的になることはない。そうした場合は、前後関係や文法から見当をつけてみよう。

（会話文の訳は p. 123 にあります）

前半のまとめ

問題に答えて、1日目〜6日目で学んだことを復習しよう。

機能語と強勢

DL 27

1. 音声を聞いて書き取りなさい。

(1)

(2)

(3)

(4)

(5)

DL 28

2. 下線部を書き取り、意味の違いを述べなさい。

(1) She is looking for a _____.

(2) She is looking for a _____.

DL 29

3. 強く言われている部分に、強強勢は ′、中強勢は ` を付けなさい。

(1) Juliana is good-looking.

(2) Juliana Williams is a good-looking girl.

（問題文の訳は p. 64 にあります）

解答と解説

1. (1) It's not the end of your life.
   (2) You can say that again.
   (3) Someone is at the door.
   (4) I'll give him a piece of my mind.
   (5) I would if I could.

　この問題では、機能語の聞き取りがポイントだ。英語では日本語と違って、すべての語が等しくはっきりと発音されるわけではない。機能語は、文中では小さく短くあいまいな、弱形で発音される。はっきり聞こえないのが当然なのだ。聞き取るためには、弱形を覚えて、部分的に聞こえる音や文中の場所、全体の文脈などから判断するとよい。

　(1)と(4)は強勢が3つで、かなり英語らしいリズミカルな文だ。強勢の間に挟まれる機能語の弱まり方に注意したい。(1)では end of your、(4)では him の [h] の脱落と piece of my が要注意だ。

　(2)では can に注意。この表現全体が1つのイディオムだが、そういったものは全体でひとまとまりとして分かればよく、各部分はかなりあいまいに発音される。その結果、can はかなり弱く「クン」といった感じになり、およそ「キャン」からは程遠い。

　(3)では、強勢があるのは some- と door の2カ所だ。その間には音節が4つもある。それだけに極めて速くあいまいに発音される。

　(5)では、機能語なのに could に強勢がある。助動詞は、残りの部分が省略されて、その代表として用いられる場合、強勢が置かれる（would も強勢があるはずだが、速く発音されているため、弱まっている）。

2. (1) red cap（赤い帽子）　(2) redcap（赤帽）

　「形容詞＋名詞」からなる複合語の強勢と、「形容詞＋名詞」の名詞句の強勢の区別がポイントだ。複合語は前、名詞句は後ろに強強勢がくる。(1)は、後ろに強強勢があるので普通の名詞句である。(2)は、前に強強勢があるので複合語で「赤帽（ポーター）」の意味だ。

3. (1) Jùliána、gòod-loóking
   (2) Jùliana、Wílliams、gòod-looking gírl

　強勢移動についての問題だ。間違えた人は31ページを復習しよう。

PART 2 母音と子音

音声を聞いて書き取りなさい。また、聞き分けのポイントとなる語（あるいは発音記号）を書き出そう。

DL 30

1. (a)

   (b)

   (　　　　　　　　) と (　　　　　　　　)

2. (a)

   (b)

   (　　　　　　　　) と (　　　　　　　　)

3. (a)

   (b)

   (　　　　　　　　) と (　　　　　　　　)

4. (a)

   (b)

   (　　　　　　　　) と (　　　　　　　　)

5. (a)

   (b)

   (　　　　　　　　) と (　　　　　　　　)

（問題文の訳は p. 64 にあります）

解答と解説

1. (a) That must be his hat.
   (b) That must be his hut.
2. (a) I lost the lock.
   (b) I lost the luck.
3. (a) He threw away the pill.
   (b) He threw away the peel.
4. (a) He plays on Sundays.
   (b) He prays on Sundays.
5. (a) She described his faith.
   (b) She described his face.

　日本人には区別が難しい母音と子音の聞き分け練習だ。

　1. は [æ] と [ʌ] の区別だ。a. が [æ]、b. が [ʌ]。[æ] は「エ」に近く響く、長めの母音である。一方の [ʌ] は、口を閉じ気味にした、やや暗い感じのする短い「ア」だ。

　2. の区別のポイントは [ɑ] と [ʌ]。a. は [ɑ]、b. は [ʌ] だが、この区別は 1. 以上に微妙だ。[ɑ] は口を大きく開き、のどの奥から出す「ア」で、長めに出される。一方、[ʌ] は短い音なので、音色の差が分かりにくくても、長短の差が大きな手掛かりとなる。

　3. は [ɪ] と [iː] の区別だ。a. は [ɪ]、b. は [iː]。[ː] は伸ばす意味の記号だ。そのため、両者の差のひとつが長さであるように思われるが、実際には、[ɪ] と [iː] の長さはあまり違わないことも多い。そこで、区別の最大の手掛かりは、音色となる。[ɪ] は「エ」に近く響く。[iː] はちょうど、嫌いな人に対し子供が「イーッだ」と言うときのように鋭く響く。

　4. は [l] と [r] の区別だが、ここでは [p] の後にあるので、今までの語頭の例より少々難しいかもしれない。だが、基本的な区別は同じだ。[l] はすっきりした感じ。[r] はこもったようなあいまいな感じがする。子音としては、はっきり聞こえにくい。[r] は母音に近い性質があるからだ。そこでカナで表すと、pray は「プエイ」に近くになる。一方の play は、かなりはっきり「プレイ」と聞こえるはずだ。

　5. は、語末の [θ] と [s] の区別だ。はっきり鋭く聞こえるのは [s] で、[θ] は、どんなに力を入れて発音しても、はっきりとは響かない。また、[θ] は「ツ」に近い弱々しい響きを持つのも特色である。

EXERCISES

前半で学習したことをおさらいしよう。

DL 31

音声をよく聞き、(1)から(10)までの正しい発音記号を選びなさい。

Christine: Max, you remember my next-door neighbor Rick, don't you?

Max: Rick ... Rick ... Uh, he [1][kəlékts/kərékts] [2][bágz/bǽgz/bʌ́gz], right?

C: He has a butterfly [3][kəlékʃn/kərékʃn].

M: Butterflies, [2][bágz/bǽgz/bʌ́gz]. Same thing, Christine. He's a weird guy. That's all I know.

C: Well, last week Rick noticed a strange car parked in [4][fránt/frǽnt/frʌ́nt] of his house. It was there for three days so he finally called the police.

M: Did the police [5][tóʊ/tɔ́ɚ] the car?

C: No, it wasn't blocking the traffic so the police [6][tágd/tǽgd/tʌ́gd] the car instead. But yesterday, the car's owner came to

解答と解説

(1) [kəlékts] collects
(2) [bʌ́gz] bugs
(3) [kəlékʃn] collection
(4) [fránt] front
(5) [tóʊ] tow
(6) [tǽgd] tagged
(7) [líːvɪŋ] leaving
(8) [líːv] leave
(9) [lást] lost
(10) [pákɪt] pocket

母音と子音を聞き分ける問題だ。日本人の弱点となる音に重点を置いた。

(1)と(3)は [l] と [r] の聞き分けだ。両方とも [l] だが、聞き取れただろうか。いつも単語を覚える際には、必ず [l] と [r] を発音し分けること。そうして、普段から両音の違いを意識しておくことが、聞き分けられるようになる第一歩だ。

(2)は「虫」の意味の bug で、発音は [ʌ] だ。この母音は短いことが特徴だ。また、(4)も同じ母音を用いる。日本語では「フロント」と使うので、[ʌ] が使われるとは思いも寄らないかもしれない。しかし、ここできちんとした発音を覚えておいてほしい。

see Rick and to apologize for [7][líːvɪŋ/lívɪŋ] the car there.

M: So, why did he [8][líːv/lív] his car in front of Rick's?

C: It was a she. She said that she'd [9][lǽst/lάst] her car keys. That's why she couldn't move the car.

M: But she found the keys?

C: Not exactly. She took a coat to the dry cleaner's, and he found the keys in the [10][pάkɪt/pǽkɪt/ pʌ́kɪt].

M: So she can move her car now.

C: Right. But guess what?

M: What?

C: She's the director of the insect exhibit at the zoo.

M: Oh, she [1][kəlɛ́kts/kərɛ́kts] [2][bάgz/bǽgz/bʌ́gz], too.

C: Stop saying that. She and Rick share an interest in insects. That's all. They're having dinner together tonight.

M: Oh, good.

C: And Rick invited us, too.

M: Oh, great. We can talk about [2][bάgz/bǽgz/bʌ́gz] all night.

---

　(5)は「オ」から音が変化しているが、すっきり聞こえることから [oʊ] だ。[tʃɚ] は r が響く音なので、こってり聞こえる。

　(6)は長く、やや耳障りな母音に聞こえる。これは [æ] の特徴だ。

　(7)と(8)は、[iː] と [ɪ] の区別だが、鋭く聞こえるのでどちらも [iː] だ。文脈からも判断できるだろうが、音の練習ととらえて解答してほしい。

　(9)と(10)は明るいはっきりとした感じの「ア」だ。これは [ɑ] の特徴だ。

（会話文の訳は p. 124 にあります）

第7日

1
(1) 人生の終わりではない。
(2) まったくだ。
(3) 誰かがドアのところにいる。
(4) 私は彼に対してはっきり文句を言うつもりだ。
　　（※ give someone a piece of one's mind で
　　「相手のしたことに対して、率直に文句を言う」
　　という意味）
(5) もしできればそうするのですが。

2.
(1) 彼女は赤い帽子を探している。
(2) 彼女は赤帽を探している。

3.
(1) ジュリアナはきれいだ。
(2) ジュリアナ・ウイリアムズはきれいな少女だ。

1. (a) それは彼の帽子に違いない。
　 (b) それは彼のバンガローに違いない。

2. (a) 私は鍵をなくした。
　 (b) 私はツキを失った。

3. (a) 彼は錠剤を投げた。
　 (b) 彼は皮を捨てた。

4. (a) 彼は日曜ごとに遊んでいる。
　 (b) 彼は日曜ごとに祈っている。

5. (a) 彼女は彼の信念を述べた。
　 (b) 彼女は彼の顔を描写した。

2nd week

後半の1週間では、音の変化やイントネーション、
英米の違いや外来語の発音などを学びます。
第1週に比べて少し難しくなってきますが、それ
だけに聞きごたえも十分です。頑張りましょう。

音の連続 (1)

単語の切れ目などないようにできるだけつなげて発音する——これが英語の発音の極意だが、音と音のつながり方にもルールがある。ここでは単語と単語がつながると、どのように音が変わっていくのかを見ていこう。

Warm-up 次の問題にチャレンジしてみよう。

DL 32 音声を聞き、空所に入る語を書き取りなさい。

(1) He (　　) (　　) (　　) (　　) (　　) while.

(2) (　　　) (　　) (　　　).

(3) (　　　) (　　).

(4) (　　) (　　) (　　).

(5) (　　) (　　　) (　　) time.

(6) No (　　) (　　) (　　).

解説 英語はつなげて発音されるもの

文字化された英語は1語ずつ分けて書かれている。そのため私たちは、1語ずつ分けて発音する方が分かりやすいのではないか、と思いがちだ。だが、そんなことはない。ネイティブの発音を聞くと、そんな単語の切れ目などは全くないように聞こえる。実は、できるだけつなげて発音すること、これこそが英語らしい発音の極意なのだ。もちろん、聴解の上でも、これを知らなければ、ネイティブの発音に対応できない。

つなげ方には2種類ある。ひとつは「連結」で、「リエゾン」などとも呼ばれる。連結は、**子音で終わる語の次に母音で始まる語が続く場合、両者をひとまとめにつなげる**ということだ。例えば、左ページ(1)の visits us の＿部がそれだ。「ヴィズィッツ　アス」と分けるのではなく、あたかも1語のように「**ヴィズィッツァス**」と発音するわけだ。

もうひとつは「同化」だ。これは、**2つの音（主に子音）が並んだ場合、それらをより言いやすくするために、一方または双方を別の音にしてしまう現象**だ（影響を与える周りの音に似た音に変わるので「同化」という）。(5)の waste your の下線部がその例だ。もともとの音 [tj] が、より発音しやすい [tʃ] に変わってしまっている。

連結も同化も、必ず生じる現象ではない。話し手の話す速さや丁寧さに左右され、速ければ速いほど、またぞんざいであればあるほど現れやすい。しかし、ぞんざいでなくても、話し言葉ではごく普通に現れる。知らないでは済ませられない現象だ。

解答

(1) visits us once in a
(2) Enough is enough
(3) Forget it
(4) Take it easy
(5) Don't waste your
(6) doubt about it

特に注意すべきなのは (1) の in a、(3) の Forget it、(4) の it easy、(5) の waste your、(6) の doubt about it の下線部だ。(1) の in

a は日本人にはなじみにくい連結の例だ。残りは同化で音が変わっている例だ。同化による音変化のパターンを知らなければ、もとの形は推測できないだろう。

訳

(1) 彼は時々私たちを訪ねる。
(2) もうたくさん。
(3) 気にするな。
(4) 焦らないで行こうよ。
(5) 時間を無駄にしてはいけない。
(6) 疑う余地はない。

連結

 次の英文を ⌣ 部に注意して聞き、音声について発音してみよう。

1. That's it.

2. First of all, you must make a living.

3. It's on the tip of my tongue.

4. He has an effect on it.

5. None of your business.

6. What's on your mind?

7. Can you do me a favor?

8. What's going on?

9. That was a bit of a surprise.

10. I got a kick out of it.

訳

1. それだ。
2. まず最初に、生計を立てなさい。
3. のどまで出かかっているんだけど。
4. 彼はそのことには影響力がある。
5. 余計なお世話だ。

6. 何が気掛かりですか。
7. お願いがあるのですが。
8. どうしたの?
9. 少々驚いた。
10. それには興奮したよ。

解説　語と語の連結 —— 子音と母音は結び付く

　1.〜 3. は基本的な連結だ。子音で終わる語の後ろに、母音で始まる語が来れば、とにかく連結は起こる。起こる方が普通なのだと覚えておいてほしい。[*1]　That's it. は「**ヅェアッ**ヅェト」、2. の First of all は「**フェ**〜スタバーゥ」、make a は「**メィ**カ」、It's on は「**イッ**ツォンヌ」、tip of は「**ティッ**プヴ」という感じだ。

　4.〜 7. は、[n] で終わる語との連結だ。**英語の [n] は日本語とは違い、語末でも、必ず舌先を上歯茎に付ける**（→ p. 45）。それに母音が続くと、日本語とは違い [n] が必ず響く。従って an effect は「ア**ネ**フェクト」、on it は「**ア**ーネト」、None of は「**ナ**ヌヴ」となる。一方、日本語だと、語末の「ン」では舌先が歯茎に付かない。つまり、日本語の「ン」の音は [n] ではないのだ。だから、次に母音を続けても [n] は決して現れない。[*2]

　6. と 7. は、[n] に半母音 [j] が続くと「ニュ」となる例だ（「ニュ」よりも、口の中の前の方の、上前歯寄りの歯茎の辺りで発音しているため、より正確には「ヌュ」となる）。on your は「ア**ニュ**ァ」、Can you は「**キャ**ニュ」だ。それぞれ、2 語を分けた「オンユア」、「キャンユー」では決してない。

　8. も**日本人が見落としがちな連結**だ。going の語末の子音は [ŋ] だが、これに母音が続いても、決してはっきりした [g] は現れない。[ŋ]、つまり鼻濁音の「ガ」行子音を「ンガ」のように表記するとすれば、going on は「ゴゥイン**ガー**ンヌ」といった感じになる。

　9. と 10. は、頻繁に連結が現れる例文だ。このような連結の多い文も、決して特殊な文ではない。連結に口を慣らすため、ぜひ繰り返し言ってほしい。ちなみに、4. も連結が多いが、これらの文に共通するのは、機能語が多いということだ。**機能語には母音で始まる語が多いので、連結が起こりやすいわけだ。**[*3]

　　*1 連結がいかに自然なことであるかを示す例がある。子供時代をアメリカで過ごしたA君は、日本の大学に入り、英作文でよく firstable という実在しない単語を使っていた。彼が使おうとしていたのは、実は first of all だった。現地で耳から覚えた表現だったため、つなぎ目のない1語と、ずっと思い込んでいたのだ。
　　*2 英語の入門期に an apple は「アンアップル」ではなく「ア**ネァ**ポゥ」と習う。でもなぜ前者では駄目なのか、と思った人がいるかもしれない。以上がその理由である。
　　*3 9. と 10. には、[t] で終わる語との連結も見られるが、これは [t] の音質を変えるので、同化でもある。そのため、次ページの Part 2 で扱う。

同化

次の英文を ⌣ 部と下線部に注意して聞き、音声について発音して みよう。

1. Check it out.

2. What a pity!

3. Bless you!

4. As you know, he broke up with her.

5. I've got you.

6. Would you mind opening the window?

7. Hang in there.

8. She's opening a spice shop.

9. Don't worry. We're gonna(going to) make it.

10. I don't wanna(want to) hurt you, but I have to tell you something.

訳

1. 確かめてみて。
2. 残念なことだ!
3. おやまあ、お大事に!
4. ご存じのように、彼は彼女と別れた。
5. 分かった。／つかまえた。
6. 窓を開けていただけませんか。

7. 頑張れ。
8. 彼女はスパイス専門店を開こうとしています。
9. 心配しないで。うまく行くよ。
10. 申し上げにくいのですが、お伝えしなければならないことがあります。

解 説　同化 —— 音は言いやすく変わる

1. と 2. はアメリカ英語でおなじみの同化だ。母音に挟まれた [t] は弱まる。そして、前後に声があるため、その [t] が有声化して、[d] ないしは日本語の「ラ」行子音のような響きを持つようになる。例えば 1. は「チェケ**ダ**ゥト」ないしは「チェケ**ラ**ッ」で、よく英語の DJ が口にする表現だ。同化ばかりではなく連結も伴うので、聞き取りにくい。2. は同化を 2 つ持ち、「ゥ**ワ**ダ**ピ**ディ」となる。

3.～6. は [s]、[z]、[t]、[d] の後ろに [j] が来た場合だ。これらでは、**前後の両方の音が溶け合って 1 つの新たな音が作られる。**

3. は [s] + [j] だ。[s] + [j] は [ʃ] を生み出す。従って bless you は「ブレシュー」となる。丁寧な発音を心掛ける人はこの変化を避け、元の [sj] を使おうとするが、現実には [ʃ] がかなり聞かれる。

4. は [z] + [j] で、これは [ʒ] となる。[z] が [s] の有声音であるのと同様に、[ʒ] は [ʃ] の有声音だ。「シ」に濁点を付けた発音であり、弱くて伸ばせる子音だ。力強く、伸ばすことのできない音である [dʒ] にならないよう、気を付けてほしい（→ p. 47）。As you know は「ア**ジュ**ノゥ」となる。

5. は [t] + [j] で、[tʃ] となる。6. は 5. の有声音で、[d] + [j] が [dʒ] となる。カタカナで表せば [tʃ] は「チ」、[dʒ] は「チ」に濁点の「ヂ」だ。

7. は、直前に [n] があると、[ð] 自身も [n] になってしまうという変化だ。そこで in there は「イン**ネ**ァ」となる。in the なども同様に変化するため、in a と区別がつかなくなる。[*1]

8. も似たような変化だ。つまり、**舌の構えも聞こえ方も近い 2 つの音（特に摩擦音）が並んだ場合、一方が他方に変わってしまうのだ。**ただし、7. は後ろの音が前の音に変わるのに対し、8. は前が後ろの音に変わっている。英語ではこのように、前側が変化することが多い。[s] と [ʃ] が並ぶと、[s] が [ʃ] に変わってしまい、1 つの長い [ʃː] になる。そこで、spice shop は [spáiʃːɑ̀p] と発音されるようになる。

9. と 10. はアメリカ英語でよく聞かれる同化だ。速く発音しやすくするために、going to が gonna に、want to が wanna に変わっている。[*2]

*1 [n] と [ð] を作るときの舌の位置は近いが、微妙に違っている（舌先が [n] は上歯茎、[ð] は上前歯に付く）。しかし、この 2 音が並んでしまうために双方が歩み寄り、双方ともその中間の、同一の音になる。これは正確な [n] ではないが、[n] に聞こえる音だ。

*2 gonna の例で説明しよう。going to の発音は [góʊɪŋ tə]。① [ŋ] が、[t] と同じ舌の位置の [n] に変わり、[góʊɪn tə] となる。②「強勢母音＋nt＋無強勢母音」の環境が生まれて [t] が脱落（→ p. 79）し、[góʊɪnə] となる。③助動詞なので弱く読まれる。そのため、強勢が落ちて [ə] が使われ、[gənə] となる。この音をつづりで表したのが gonna だ。wanna は②の段階までの変化である。

EXERCISES

DL 35 音声をよく聞いて、カッコの中を埋めなさい。

Mother: Tim, wake up.

Tim: Oh, Mom. Let me sleep.

M: Get (1)(　　)(　　) bed. It's almost noon.

T: Just a few more minutes, OK?

M: I thought you were (2)(　　)(　　)(　　)(　　) haircut this morning.

T: I was going to, but I couldn't wake up early. I forgot to set my alarm.

M: Forgot?

T: Well ...

M: Just because it's Saturday, that's no reason to stay (3)(　　) (　　)(　　) day.

T: But Saturday is the only day (4)(　　)(　　) can sleep late.

M: What about Sunday?

解答と解説

(1) out of
(2) going to get a
(3) in bed all
(4) that I
(5) but you've
(6) cut it
(7) better off
(8) I'm up! I'm up

ここでは、連結と、[t] の有声化を中心に取り上げた。(1)、(2)、(4)、(6)、(7) がそれに相当する問題だ。

(2) の going to は gonna のように崩れてはいない。一方、(1) や (4) などは、弱くかつ速く読まれているため、難しかったかもしれない。特に (4) の that I は難易度が高い。that の弱形 [ðət] に [aɪ] が結び付くことで、素早い「ヅダィ」となっている。

(3) と (8) では、それぞれ bed と all、I'm と up が完全に連結してしまっている。特に (8) は、あたかも「アイマップ」という1語のような感じに発音されている。

T: OK, Saturday and Sunday.

M: You sleep more than anyone I've ever met.

T: I'm a hardworking student. I need my rest.

M: I understand that, ⁽⁵⁾( ) ( ) rested enough. Now, you should get your hair cut. I want you to go to the barber's this afternoon.

T: Do I have to?

M: Of course you have to. You look like a hippie.

T: I like long hair.

M: Let's get something straight. You can either go to the barber's and get a haircut, or you can let me ⁽⁶⁾( ) ( ). I've never cut anyone's hair before, so I think you'd be ⁽⁷⁾( ) ( ) going to the barber's.

T: I guess you're right.

M: I know I'm right. Mothers are always right.

T: Aw, Mom.

M: Now, get up!

T: All right, all right. ⁽⁸⁾( ) ( )! ( ) ( )!

---

(7) の better off は、はっきりとした [t] の有声化に加え、-r と off がくっつき、全体で「ベダロフ」となっている。だが実は、このように語末の r が後続の語頭母音と結び付くことは、イギリス英語では多いが、米語ではあまりない。

連結や同化などの聞き取りに慣れるためには、音を聞く際に、つづり字による音の変化を常に意識して、自分でも英文の音読練習を繰り返すとよい。

（会話文の訳は p. 124 にあります）

音の連続 (2)

子音が連続すると発音しにくい。そこで、子音が続く場合には、音が変化したり、なくなったりする現象が起きる。ここでは、子音が連続した場合の音の変化のルールや、子音が脱落する場合の聞こえ方に耳を慣らしていこう。

Warm-up 次の問題にチャレンジしてみよう。

DL 36 音声を聞き、空所に入る語を書き取りなさい。

(1) Give it to me (　　　).

(2) Nothing (　　　).

(3) That can't be (　　　).

(4) Are you getting along (　　　) (　　　)?

(5) This is (　　　) (　　) be the (　　　) choice.

解説 子音が続くと、発音しやすいように音は変化する

　英語には子音が多い。種類ばかりでなく、現れる頻度も高い。そのため、子音がいくつも連なることがよくある。ところが、日本語では子音が連続して現れることはない。ここでは、私たちには不慣れな、子音が連続することによって生じる音の変化を見ていこう。

　まず Part 1 では、単語内で子音が続く際の読み方を扱う。**単語内で子音が連続するときには、子音の続き方に一定の規則があり、組み合わせは決まっている。**そのため、それぞれに応じたきちんとした読み方というものがあり、それにのっとって発音しなければ通じないことになる。なお、このような単語内の子音の連続を「子音連結」と呼ぶ。

　次に Part 2 で、語間での子音の連続を見る。子音の多い英語では、ごく当たり前に、子音で終わる語の次に子音で始まる語が続く。そのため、子音が発音しにくく並んでしまうことも多い。そのままでは滑らかに発音することができず、話すのも大変だ。そこで、**円滑な発音にするために、一部の子音を落とすという現象が起こる。**つづりにある音を発音しないのは不安なものだが、心配は要らない。この「脱落」は普通のことであり、しない方が不自然なのだ。語間での子音の連続には、千差万別の組み合わせがあり得る。それだけに、ネイティブにさえ発音しづらいことも多い。そこで、楽に発音できるようにする手だてがあり、そのひとつが前章で学んだ「同化」(p. 71) であり、もうひとつが、ここで学ぶ「脱落」なのである。

解答

(1) straight
(2) special
(3) true
(4) with him
(5) supposed to、best

　(1) 〜 (3) は子音連結の読み方だ。日本語式の読み方では通じない。(1) の str- は日本語式の「ス・ト・レ」のような読み方ではいけない。(2) の -cial も日本語式の「シャル」では通じないし、(3) も「トゥルー」では正確ではない。(4) と (5) は脱落の例だ。(4) では him の [h] が、(5) では supposed と best の下線部の音が落ちている。

訳

(1) はっきり言ってよ。
(2) 別に。
(3) そんなことはあり得ない。
(4) 彼とうまくやっていますか。
(5) こうするのが一番いいようだ。

PART 1 子音連結

DL 37 次の英文を下線部に注意して聞き、音声について発音してみよう。

1. <u>Tr</u>ick or <u>tr</u>eat.

2. What are you <u>dr</u>iving at?

3. I feel in con<u>tr</u>ol.

4. Do we have to go <u>thr</u>ough that again?

5. The baby shook the ra<u>ttle</u>.

6. You're impos<u>sible</u>.

7. He found some co<u>ral</u> in the ba<u>rrel</u>.

8. Mar<u>tin</u> has go<u>tten</u> hold of the wood<u>en</u> chair.

9. She see<u>s</u> some flower seed<u>s</u>.

解 説　[tr]、[dr]、[ntr]、[θr]、「子音＋ [l]」の発音のルール

▶[tr] と [dr]　1. は [tr]、2. は [dr] の例だ。[t] + [r]、[d] + [r] というような 2 つの音が並んだものとは考えず、[tʃ]、[dʒ] に似た 1 つの子音と考えるとよい。発音するには、それぞれ [tr] は「チュ」、[dr] は「ヂュ」と言うつもりで、同時に舌先を反らし、唇をやや丸めるようにする。trick は「チュイック」、treat は「チュイート」、driving は「ヂュアェヴィング」といった具合だ。舌先を反らすことで [r] の音は出るので、「チュリック」などのように「ラ」行音をあえて入れる必要はない。

▶[ntr]　3. は [tr] の前に [n] が来た組み合わせ。この [tr] も舌先を反らした「チュ」なので、「クンチュオゥゥ」となる。決して「コントロール」ではない。

▶[θr]　4. の [θr] は、舌先を、まず上前歯に当て、即座に後ろに引き上げることで出す。[θ] を [θ] らしく響かせるには、舌先が必ず前歯に触れなければいけない。少しでも後ろに離れていると [s] に聞こえてしまう。また、「ス」よりも「ツ」と言う感じで出す方が [θ] らしくなる。

▶「子音＋ [l]」　5. ～ 7. は語末の「子音＋ [l]」だ。この [l] は決して「ル」ではない。むしろ「ウ」や「オ」で、ネイティブでも、そのように発することがある。ただし、「ウ」や「オ」と言う際に、できれば舌先を上歯茎に付けるようにするとよい。

　5. の rattle では [t] が有声音に挟まれているため、有声化し、「ゥレァドゥ」のようになる。6. は「インパーサボゥ」だ。また、7. は [r] + [l] でやや難しい。舌先を後ろから前へ、すなわち舌を、反らした状態から歯茎の方へ送り出すようにして発音する。coral は「カーロゥ」、barrel は「ベァロゥ」だ。

▶[tn] と [dn]　8. は [tn] と [dn] だ。これらは 2 つの音の組み合わせというより、むしろ 1 つの音だ。どちらも、舌先を上歯茎に付けたまま、一瞬息をため、「ンー」というふうに鼻から息を抜く。舌を離してはならない。響きは [tn] も [dn] もほとんど同じだ。Martin は「マァンー」、gotten は「ガーンー」、wooden は「ゥウンー」となる。ゆっくり発音する場合は、[t] と [n]、[d] と [n] を分けて発音して構わない。

▶[z] と [dz] の区別　9. は sees の [z] と seeds の [dz] だ。日本語では両者を区別しないので、聞き分けは難しい。[z] は「ス」に濁点、つまり摩擦音で、滑らかに伸ばせる。一方、[dz] は破擦音で、「ツ」に濁点だ。舌先を付けて息を止めるので音は伸ばせない。類例には、cars と cards、wars と wards、size と sides などがある。

語間での子音連続─脱落

DL
38

次の英文を下線部に注意して聞き、音声について発音してみよう。

1. Could be.

2. I had a hard time when I was abroad.

3. Let's talk business.

4. That can't be true.

5. It won't work.

6. That makes sense.

7. I don't feel like going to work.

8. We have to take the first step toward the goal.

9. Time really flies, doesn't it?

10. What's he like?

11. She decided to divorce him once and for all.

訳

1. かもね。
2. 外国にいた時は、つらかった。
3. 仕事の話をしよう。
4. そんなことあるはずがない。
5. 駄目だ。
6. なるほど。
7. 仕事に行きたくない。

8. 目標に向かって一歩を踏み出さなければならない。
9. まったく時のたつのは速いですね。
10. 彼ってどんな人ですか。
11. 彼女は彼ときっぱり離婚することを決意した。

解 説 音が消える!? ── つづり通りの発音は不要

　脱落は、破裂音([p]、[b]、[t]、[d]、[k]、[g])が2つ並んだ場合に最も起こりやすい。そして、**前の破裂音が落ちる**。その例が 1.〜4. だ。例えばCould be. は「**ク**ッビー」、hard time は「ハァッ**テ**ェム」となる。なお、**脱落する子音**は、実際は聞こえなくなるだけで、**話者の意識には存在し、口の構えにも残る**。そのため、脱落する子音分の間は残るので、脱落した部分には「ッ」を入れるとよい(ただし、速い発音ではこれも落ちる)。

　また、5. のように破裂音の後に破裂音以外の音が続いても、前の破裂音は落ちる。「イッ**ウ**オゥン**ウ**ェア〜ク」のようになる。とにかく破裂音は、後ろに別の子音が来ると、落ちやすくなるのだ。

　6. と 7. の2つ目の下線部は、継続できる子音が語尾と語頭に2つ連なった場合だ。この場合、2回に分けて子音を発音するのではなく、1回だけ長めに発音する。6. の makes sense は「メイクス・センス」ではなく[mèɪksɛ́ns]、7. の feel like も「フィール・ライク」ではなく[fíːlaɪk]だ。

　子音が3つ以上並んでも、破裂音は(特に中央にあると)やはり落ちやすい。8. の first step がそれだ。[s] に挟まれた [t] は、発音しにくいので脱落する。すると firs(t) step となり、[s] が並ぶ。ここで、[s] が1つにまとめられる。結局、first の [st] が落ちたようになり、[fɚːstép]となる。ちなみに step の [t] は落ちない。後ろに母音があるため、はっきり発音できるからだ。

　9. は**アメリカ英語では不可欠**の [nt] での [t] の脱落だ。通常、**有声音(母音も含む)の間の [t] は有声化する**。有声化とは弱まるということだ。「n＋t＋無強勢母音」の組み合わせで、[t] は最大限に弱まり、脱落しやすくなる。doesn't it は「ダズンネット」となるのだ。このほか、例えば interview は「**イ**ナヴュー」となる。[*]

　10. と 11. は、h で始まる代名詞や助動詞の [h] の脱落 (→ p. 23) と、decided と and の語末の [d] の脱落がポイントだ。

　脱落は単語内でも起こる。やはり、子音が並んで発音しにくいときだ。特に、破裂音と破裂音が並んだ場合に起こりやすい。例えば asked、kept では下線部が脱落する。ただ、脱落の起こる個々の事例をいちいち覚える必要はない。発音しにくい個所では自然と脱落が起こるからだ。

　＊　ただし、9. のような助動詞の否定形での [t] の脱落は、イギリスの口語英語でもかなり聞かれる。

EXERCISES

今日、学習したことをおさらいしよう。

DL 39 音声を聞き、カッコの中に入る語を書き取ろう。

Agent Jules: Madam Director? Did you [1]( ) ( ) see me?

Director: Yes, [2]( ) Jules. I have a new mission for you.

J: What incredible [3]( ) shall I perform this time?

D: I want you to contact a spy in Mongolia.

J: That sounds easy. Is that all?

D: He'll give you more orders once you meet him.

J: OK. When do I leave?

D: You must go there at once.

J: How will I get in touch [4]( ) ( )?

D: He runs a fish shop.

J: In Mongolia?

解答と解説

(1) want to
(2) Agent
(3) task
(4) with him
(5) important mission
(6) password to recognize him
(7) must
(8) And his
(9) fish shop

つづりを見ればそれほど難しくないかもしれない。しかし、「聞き取り」はさほど易しくなかったのではないだろうか。

(1) などは、なじみがあって正答率も高かったと思うが、(2) は語尾の [t] が脱落して「エイジェン」としか聞こえないだろう。(3) も語尾の [k] が脱落している。(5) のimportant や (7) の must の [t] も聞こえない。しかし、agent や important、task やmust などでは、脱落する直前の子音が、[n] や [s] のようによく響く子音だ。すると、そこまでの音で大体その単語が特定できるので、下線部の子音が完全に消えても理解には差し支えないだろう。実際、

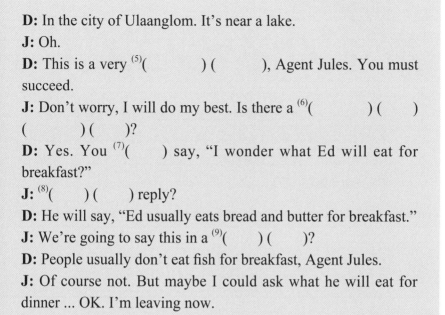

D: In the city of Ulaanglom. It's near a lake.

J: Oh.

D: This is a very (5)(　　　　) (　　　　), Agent Jules. You must succeed.

J: Don't worry, I will do my best. Is there a (6)(　　　) (　　) (　　　) (　　)?

D: Yes. You (7)(　　) say, "I wonder what Ed will eat for breakfast?"

J: (8)(　　) (　　) reply?

D: He will say, "Ed usually eats bread and butter for breakfast."

J: We're going to say this in a (9)(　　) (　　)?

D: People usually don't eat fish for breakfast, Agent Jules.

J: Of course not. But maybe I could ask what he will eat for dinner ... OK. I'm leaving now.

■語注　Ulaanglom: モンゴルの都市ウラーンゴムにかけた架空の都市名

must の弱い発音形は [məs] である。単語をつづり通り発音しないと気が済まない人には厄介な現象だが、これが現実である。

(4)、(6)、(8) は [h] がらみの問題だ。[h] が脱落するときのルールを知らなければ何を言っているのか分からないだろう。特に (4) ではかなり崩れていて、[wíðəm] といった感じになっている。Warm-up の (4) もそうだが、with them と区別のつかない発音になってしまう。これは文脈で判断するしかないだろう。

また、(6) はほかに比べて長かった上、password と him と、脱落を 2 カ所含んでおり、戸惑ったかもしれない。ただ、こ

のような現象はいつでも起こり得る。徐々にでよいから、長い語句も聞き取れるようになりたい。

(9) は [ʃ] が 2 つ連なることで、ひとまとめに発音される例だ。

（会話文の訳は p. 125 にあります）

イントネーション(1)

イントネーションは、意味を伝える上で重大な働きをする。イントネーションをマスターするのは、難しいという印象があるかもしれないが、実は、極めて機械的なルールに基づいている。ここではそのルールを見ていこう。

Warm-up　次の問題にチャレンジしてみよう。

1. 音声を聞いて、1文の中で最も目立つように発音されている音節に下線を引きなさい。

(1) I'm in a hurry.

(2) I'll give you a rough outline.

(3) I like hot dogs.

(4) That's very sweet of you.

2. 音声を聞いて、2つの文の意味の違いを述べなさい。

(1) They are eating apples.

(2) They are eating apples.

解 説　イントネーションは難しい？

　英語の発音を語る上で、イントネーションは軽視してはいけない。自分の英語を英語らしく聞こえさせるために、イントネーションは不可欠な要素であり、しかも、意味を伝える上でも重大な働きをするからだ。それ故、ぜひとも使いこなせるようにしたい。

　しかし、イントネーションには曖昧模糊^{あいまい}としたイメージがある。学校では十分に教わらないし、多くの発音指導書でもあまり扱われていない。扱っていたとしても、個々の事例説明ばかりでとても覚えきれない。こうした、従来の事例紹介中心の扱いを見ると、イントネーションの習得はひどく難しそうに感じられるだろう。

　しかし、実はそうでもない。イントネーションは多くの場合、極めて機械的な規則に基づいているからだ。イントネーションについては自己流、という人は多いが、ここでぜひ、はっきりした機械的な規則を習得してほしい。

　ところで、イントネーションとは何か。**イントネーションとは、ひとつの発音上のまとまりにかぶさるメロディー（音程の変化）だ。この発音上のまとまりとは、区切って読む単位のことで、多くは意味の区切れと一致する。**速く発音すれば1単位は長くなるし、ゆっくり丁寧に発音すれば1単位は短くなる。イントネーションを扱う上で、この単位は「音調句」と呼ばれる。

解答

1. (1) hurry
   (2) outline
   (3) hot
   (4) sweet
2. 解説と訳を参照

　ここでの例文はすべて、1音調句から成る。1音調句には1カ所だけ、大きく目立つ個所がある。これがイントネーションの最も重要な部分だ。

　(1) ～ (4) は、イントネーションの最も重要な部分がどこであるかを見極める練習だ。それが、いずれも後ろの方にあることが分かるだろう。

　2. の区別は Part 2 で詳しく扱うが、目立つのは (1) が eating で (2) が apples だ。

訳

1. (1) 急いでいます。
   (2) ざっと概要を説明しましょう。
   (3) ホットドッグが好きです。
   (4) どうもご親切に。
2. (1) それらは生食用のリンゴだ。
   (2) 彼らはリンゴを食べている。

PART 1 イントネーションの核

DL 42 次の英文を下線部に注意して聞き、音声について発音してみよう。

1. I <u>ate</u>.

2. I <u>ate</u> it.

3. I ate <u>meat</u>.

4. I'm <u>afraid</u> so.

5. I'm afraid <u>not</u>.

6. This isn't my <u>day</u>.

7. That was a different <u>story</u>.

8. What are you <u>talking</u> about?

9. Meg bought <u>oranges</u>.

10. Meg bought green <u>apples</u>.

11. Meg bought small white <u>mushrooms</u>.

12. Meg bought a couple of big yellow <u>peppers</u>.

訳

1. 私は食事をした。
2. 私はそれを食べた。
3. 私は肉を食べた。
4. 残念だけど、そうなの。
5. 無理のようです。
6. 今日はついていない。
7. 事情は違っていたんです。
8. 何を話しているんだ?
9. メグはオレンジを買った。
10. メグは青リンゴを買った。
11. メグは小さな白いマッシュルームを買った。
12. メグは大きな黄色いピーマンを2、3個買った。

解 説　　なぜ英語では最後を目立たせるのか？

　1音調句には1カ所だけ目立つ個所がある。それが、イントネーションの最も重要な部分であり、この部分は「(音調) 核」と呼ばれる。この核の位置に、大きな音程の変化 (メロディーの中心部分) を当てれば、イントネーションはほぼできあがる。

　最も多く現れる音程の変化は**下降調**で、これは、高い音程から低い音程へ一気に下がる調子 (トーン) だ。下降調での音程の変化は大幅だ。例えば英語の Hi! は、日本語の「はい」の2倍以上の音域を使う。1オクターブもざらだ。なお、核以外の部分は普通の声の高さで読む。

　では、**核の位置の基本はどこか。それは、音調句の最後の内容語 (の強勢音節) だ** (→内容語については p.13)。驚くべきことに**英文の8割以上で、この位置に核が置かれる**。ここで、この性質を「句末原則」と呼ぶことにしよう。その句末原則を例示したのが、1.～ 12. だ。番号が進むほど文が長くなるが、基本的にはいずれも文の後ろに核がある。

　1. にある内容語は ate の1つだけなので、そこに核が置かれる。2. は、最後の語は it だが、機能語なので核は置かれない。3. では、meat が最後の内容語。4. の so は副詞、つまり内容語だが、働きは代名詞と同等なので核が置かれない。一方、5. の not は、重要な意味を伝えるのでここに核が置かれる。6. と 7. は最後の語である day と story に核があるが、8. では最後の語にはない。about が機能語なので、その前の talking に核がある。

　9.～ 12. も「句末原則」を示したセットだ。文がかなり長くなっても、核が最後の内容語にあり、最後を目立たせるのは変わらない。

　では、なぜ最後を目立たせるのか。それは、英語では最も重要な情報を最後に置く、という原則があるからだ。そして、イントネーションの役割は、この最重要の部分を目立たせることなのだ。文は主部と述部から成るが、**主部はその文の伝えたいテーマを述べ、述部は、「それがどうなったのか」といった、主語についての新しい情報を提供する**。つまり、**述部は文のオチを述べるのが仕事で、イントネーションは、このオチを目立たせる役割を担っているのだ**。英語は文の最後こそが、最大の聞きどころだということだ。

　なお、日本語では、始めを目立たせて、終わりの方は消え入るように話すことが多い。英語らしい発音のためには、くれぐれも尻すぼみにならないようにしたい。

核の位置の例外

次の英文を下線部(核)に注意して聞き、音声について発音してみよう。

1. How <u>are</u> you?

2. I must be <u>going</u> now.

3. Meg found some beautiful <u>carrots</u> there yesterday.

4. It is drinking <u>water</u>.

5. It is <u>drinking</u> water.

6. What happened? → He washed his red <u>car</u>.

7. What did he do? → He washed his red <u>car</u>.

8. What did he wash? → He washed his red <u>car</u>.

9. Which car did he wash? → He washed his <u>red</u> car.

10. Whose red car did he wash? → He washed <u>his</u> red car.

11. What did he do with his red car? → He <u>washed</u> his red car.

12. Who washed his red car? → <u>He</u> washed his red car.

訳

1. こんにちは。
2. もう行かなければなりません。
3. メグは昨日そこで、よいニンジンを見つけた。
4. それは水を飲んでいる。
5. それは飲用水です。
6. 何があったのか。→彼は自分の赤い

車を洗った。(以下、答えは略)
7. 彼は何をしたのか。
8. 彼は何を洗ったのか。
9. 彼はどの車を洗ったのか。
10. 彼は誰の赤い車を洗ったのか。
11. 彼は自分の赤い車をどうしたのか。
12. 誰が彼の赤い車を洗ったのか。

解説 句末以外の核の位置

核の位置の基本は、句末原則、つまり最後の内容語だ。しかし、例外も少なくない。句末原則が当てはまらない場合を見てみよう。

1. は「疑問詞＋ be 動詞＋代名詞」のパターンだ。代名詞は機能語なので核にはならない。本来、be 動詞も機能語なので核が置かれないはずだが、このパターンでは、疑問詞と代名詞の間にある be 動詞を目立たせるのが普通だ（→ p. 53）。

2. と 3. の now、there、yesterday のような、発話時点からの「時」や発話地点からの「場所」を示す内容語には句末でも核が付かない。[*1]

4. と 5. は同じ形の文だが、核の位置が異なり、意味が変わっている。

4. は通常の句末原則にかなう例だ。water は目的語で、文全体としては「それは水を飲んでいる」という意味の、進行形の SVO 構文だ。

一方、一見、句末原則を破っている 5. は、「それは飲み水だ」という意味の SVC 構文だ。この場合の drinking water は、「動名詞＋名詞」から生まれた 1 つの複合語と考えられる（→ p. 29 参照）。そう考えると、これも句末原則にかなった例なのだ。むしろ、この 4. と 5. の例では、文字上では同じ文が、**核の位置が変わることによって、意味も構造も異なってしまう**という点に注意してほしい。[*2]

6. ～ 12. は「焦点の移動」と呼ばれる現象を説明するための例だ。焦点とはピントの合う部分、すなわち最も伝えたい部分ということで、「焦点の移動」とは、つまり、文脈によって伝えたい部分が変わる（＝核の位置が変わる）ということだ。

まず、6. ～ 8. は、句末原則の適用範囲を示す例だ。6. ～ 8. の答えの文では、答え方のイントネーションは同じでも、新しい情報を担っている部分が違っている。6. は文全体、7. は述部、8. は目的語が新しい情報だ。にもかかわらず、すべての文で、句末の内容語である car に核が置かれている。句末原則はこのように、適用範囲が広い。だからこそ、最も基本的なイントネーションなのだ。

一方、9. ～ 12. では焦点が移動している例だ。このように、答えの焦点、つまり核の位置は、質問に合わせて移動するものなのだ。

[*1] then、here、tomorrow、next year、last month なども同様だ。これらは、「時」や「場所」用の代名詞というべきものだからだ。

[*2] 82 ページの Warm-up に出した They are eating apples. も同様の例だ。

EXERCISES

今日、学習したことをおさらいしよう。

DL 44

下線の引かれた個所で、核（一番の聞きどころ）となっている語を丸で囲みなさい。

Helen: Jack, could you run down to the supermarket? I forgot a few things.

Jack: But you just brought home ⁽¹⁾five bags of food!

H: I know, but our little Bobby is coming home, and he's always hungry.

J: Helen, our little Bobby ⁽²⁾is grown up now. ⁽³⁾He studies economics.

H: Well, he should study nutrition. His eating habits are terrible.

J: He eats like a normal college student.

H: Exactly! Last time he was home, you two went out to Ballistic Burger and ate a couple of those greasy hamburgers.

J: Yeah ... those were great.

解答と解説

(1) food
(2) up
(3) economics
(4) Simpson
(5) food
(6) again
(7) cooking
(8) likes

Part 1、2 の例文では、一息の発音単位の中で、目立つ部分（すなわち核）が、1 つだけであるように発音されている。しかし、実際の会話はこれほど規則的とは限らない。1 区切りと思われるまとまりの中で、目立つ個所がいくつもあったりするのだ。この会話でも、どれが核か分からないような、微妙な文は結構ある。しかしここでは、比較的はっきりしたものだけを選んで問題にしてある。

(1) では、five や bags がかなり強く発音されている。しかし、よく聞けば food の音程の変化の方が、それらより大きいことが分かる。

(2) と (5) は核にはならない now や here を伴う例だ。(2) の up は、短い語だけに十分には目立って聞こえにくいが、音程の変化はここで起きている。

(3)、(4)、(6) は、最後の内容語が核となっ

H: Then you stopped at Donuts Go Nuts and ate some big doughnuts.

J: Mmm, yeah ... glazed and chocolate.

H: I swear, Jack, when Bobby comes home, (4)<u>you turn into Homer Simpson</u>.

J: I know. That Bart—I mean that Bob is a bad influence.

H: Well, this time I'm going to have lots of good, (5)<u>healthy food here</u> (6)<u>so it doesn't happen again</u>.

J: OK ... so what do you want me to buy at the supermarket?

H: I need some whole-wheat bread and (7)<u>cooking apples</u>. I'm planning on cooking apples for dessert. Oh, and a package of hot dogs.

J: Hot dogs? You call that healthy?

H: Well, no, but ... our little Bobby (8)<u>likes hot dogs</u>.

■語注　glazed: 砂糖を絡めた／Homer Simpson: 米国のテレビアニメ『ザ・シンプソンズ』に出てくる父親。ドーナツとビールが好きで、太っている。／Bart: 『ザ・シンプソンズ』に出てくる息子

ている、基本に忠実な例だ。ひとつ覚えておいてほしいのは、Homer Simpson で分かるように、人名も最後の内容語に核を置く読み方をするということだ。つまり、英語の人名はフルネームの場合、姓に核を付けるのだ。

(7) の cooking apples は「調理用のリンゴ」という意味の複合語 (→ p. 29) なので、前の語に核がある。ちなみに、次の文の cooking apples は「リンゴを調理する」という意味なので、apples が目立っている。

(8) では、hot dogs の hot に核が置かれず、その前にある動詞 likes に核がある。hot dogs は既に出てきた情報なので、重

要度が低い。一方、likes は新しい情報を担っており、重要度が高いため、この語に核がくる。なお、hot dog(s) は複合語なので hot の方が強く言われる。

（会話文の訳は p. 125 にあります）

第11日 イントネーション(2)

同じ文でも、イントネーションを変えると表す意味が変わる。ここでは、保留を表す上昇調と、断定や新情報を表す下降調を中心に、さまざまなイントネーションの使い分けをマスターしよう。

Warm-up　次の問題にチャレンジしてみよう。

音声を聞き、両者の意味の違いを考えながら訳しなさい。また、(1)と(2)では、省略されている文末の記号を記入しなさい。

(1) Excuse me

(2) Excuse me

(3) It's not bad, is it?

(4) It's not bad, is it?

(5) Are you going to Hawaii or Guam?

(6) Are you going to Hawaii or Guam?

解説　下降調の次に大事な上昇調

10日目では、下降調のイントネーションのみを扱った。しかし、英語には、それ以外の調子も、もちろん現れる。ここでは、その代表である上昇調を中心に、その用法を見ていく。

では、上昇調はどう出せばよいか。これは、人から意外なことを聞いて「ええー?」と問い返すときの調子と同じだ。それだけに、上昇調で話すときには、この「ええー?」をイメージするとよい。イントネーションの習得にはまず、「Yes」とか「No」とかの、短くてごく単純な単語 (1音節語) から練習を始めるのがコツだ。

左ページの問題は、上昇調と下降調の違いを見る問題だ。全く同じ文でも、イントネーションを変えることで、意味が変わってしまう。(1) ～ (4) は比較的分かりやすい例だろうが、(5) と (6) はどうだっただろうか。あまり習わない例かもしれないが、やはり、微妙に意味が変わってしまうのだ。このような、イントネーションの違いによって生じる意味の違いを知っていることは、正確なコミュニケーションにとって不可欠だ。

このようなことを言うと、やはりイントネーションは難しいと思われるかもしれない。しかし、その根本にある意味、使い分けは極めて単純である。そうでなければ、ネイティブも使い分けることはできないはずだ。次ページからは、イントネーションの根本の意味を押さえることで、その諸現象を説明していく。

解答

(1) すみません。
Excuse me.
(2) もう一度言ってくださいますか。
Excuse me?
(3) 悪くないですか。
(4) 悪くないですよね。
(5) ハワイかグアムの、どちらに行くのですか。
(6) ハワイかグアムかどこかに行かれるのですか。

(1) は下降調で、相手に自分の意図を伝えている。だが、(2) は上昇調で、相手に問い掛けている。

(3) が上昇調で、相手に問い掛けているのに対し、(4) は下降調で、「～ですよね」と相手に確認している。

(5) のように下降調で終わると、選択肢はハワイとグアムの2つとなるが、(6) のように上昇調のままで終わると、選択肢にはそれ以外の場所も含まれることになる。

下降調と上昇調

DL
46

次の英文を矢印の向きに注意して聞き、音声について発音してみよう。

1. He's at a complete loss.

2. He's at a complete loss?

3. I beg your pardon.

4. I beg your pardon?

5. What did he say?

6. What did he say?

7. Would you care for tea or coffee?

8. Would you care for tea or coffee?

9. It doesn't matter, does it?

10. It doesn't matter, does it?

訳

1. 彼は途方に暮れている。
2. 彼は途方に暮れているのですか。
3. 失礼しました。
4. もう一度おっしゃってください。
5. 彼は何と言いましたか。
6. 彼は何と言ったんだって?

7. 紅茶とコーヒーの、どちらがよろしいですか。
8. 紅茶かコーヒーか、何かいかがですか。
9. それで構わないですよね。
10. それで構わないですか。

解説　下降調は断定と新情報、上昇調は保留を表す

　まず、下降調と上昇調が表す意味を見ておこう。**下降調**は、「断定」および「(聞き手への) 新情報」を表す。この調子を使うと、話者は自分の発言を断定しているか、相手にここが新しい情報だと伝えていることになる。一方、**上昇調**は「保留」を表す。話者は自分の発言内容をはっきり断定しないということなのだ。[*1]

　1. と 2. は、イントネーションを変えれば、同じ文が平叙文や疑問文になることを示す例。下降調を使う 1. は断定であり、平叙文だ。上昇調を使う 2. は、答えを待つ保留の姿勢を示すので、疑問文となる。

　3. と 4. は、Warm-up の Excuse me と同様の例。下降調の 3. では、自分の意図をはっきり (断定して) 伝えるため、「許してください」の意味になる。一方、上昇調の 4. では、相手が答えるのを待つ姿勢から、「何とおっしゃいましたか」の意味になる。

　wh- 疑問文のイントネーションは、5. のように下降調を使うのが基本。これは、自分には知らない情報がある、ということを相手に新情報として伝えているのだ。一方、6. のように上昇調を使うと、「問い返し疑問文」になる。[*2] 問い返し疑問文は、今聞いたばかりのことを相手に繰り返してほしいときに、驚きの気持ちを込めて用いられる。[*3]

　7. と 8. は、Warm-up の (5) と (6) と同様の例。7. は最後が下降調であるため、選択肢が紅茶かコーヒーの 2 つだけに断定されている。だが、8. では上昇調が用いられているので、選択肢が限定されずに保留されている。そのため、紅茶、コーヒーに加え、何かほかのものも含意される。

　9. と 10. は付加疑問文における、イントネーションの使い分けの例の代表だが、これも説明は同じだ。下降調を使う 9. では、自分の発言が断定となり、そのため念を押すような意味になる。一方、上昇調を使う 10. では、発言が保留されるため、答えを待つ気持ちが相手に伝わり、疑問文として働くのだ。

*1 上昇調は「疑問」などとよく言われるが、それでは説明が不十分だ。上昇調は疑問文以外でも使うし、反対に、疑問文でも上昇調を使わないこともあるからだ。疑問文に上昇調がよく使われるのは、そうすることで、自分の判断を保留して、相手の答えを待つことになるからである。その結果、相手は返事をするわけだ。

*2 5. との比較のため say に上昇調の矢印記号を付けたが、正確には、文頭の疑問詞から徐々に上昇していく。

*3 問い返し疑問文では、He said what? のような語順になることも多いが、ここではイントネーションを比較しやすいように、通常の語順で示した。

PART 2 さまざまなイントネーション

DL 47

次の英文を矢印の向きに注意して聞き、音声について発音してみよう。

1. This is my wife, Mary.

2. This is my wife, Mary.

3. I have been to France, Italy, Greece, and Belgium.

4. Jane! (fall)

5. Jane! (rise)

6. Jane! (fall-rise)

7. Jane! (level)

8. Jane.

訳

1. こちらは妻のメアリーです。
2. メアリー、こちらが私の妻だよ。
3. フランス、イタリア、ギリシャ、ベルギーに行きました。
4. ジェーン！

5. ジェーン！
6. ジェーン！
7. ジェーン！
8. ジェーン。

解 説　まだあるイントネーションの使い方

　1. は同格の読み方だ。**同格では、2 つの項目を同じ調子で読む。**wife と Mary は同一人物だ。一方、2. のように wife で下降調、Mary で軽い上昇調を使うと、wife までが新情報で、Mary は呼び掛けとなり、wife と Mary は別人で、妻をメアリーに紹介していることになる。このように、**呼び掛けの際は上昇調を使う。**これは、断定を避けて柔らかく響かせることで、「丁寧さ」ないしは「親しさ」を表す用法だ。

　3. は項目の列挙時の言い方だ。**項目を列挙している途中では、**まだ終わっていない、つまり保留していることを示すため、**上昇調を用いる。**しかし、**最後の項目には下降調を使い、発言を断定して終わりとする。**[*1]

　4. 〜 7. は、名前の呼び方を利用しての、さまざまな調子の練習だ。番号が進むほど使われる頻度が低くなっていく。4. は最も多用される下降調、5. はその次の頻度の上昇調、6. は下がって上がる下降上昇調 (または降昇調)、7. は使う頻度は高くないが、音程の感覚を養うには有効な平坦調だ。なお、これらの調子は、名前ばかりでなく、さまざまな文で使われる。ナレーションをよく聞いて、下降調と上昇調に次いで 3 番目の頻度で用いられる降昇調を、ぜひ覚えてほしい。代表的な意味は「断定＋保留」で、「……だ、とまでは言い切れない」、「……なんだけれど」といったニュアンスが出る。[*2]

　8. は、「呼び掛け調」とでもいうべき調子だ。遠くから人に呼び掛けるときに使われる。

　以上、イントネーションについていろいろ述べたが、その骨組みは 3 つに集約できる。それは、**①音調句 (ひとまとまりで発音する単位) を見つけ出すこと、②核を見つけ出すこと、③調子を選ぶことだ。**どんなに長い文でも、この 3 点に留意すれば、適切なイントネーションはできあがる。

[*1] 実際に項目を列挙する場合は、これほどきれいに上昇調が並ぶとは限らない。項目の途中でも、下降調をはじめ、様々な調子が混ぜて使われることもある。

[*2] 14 日目の後半のまとめの EXERCISES (pp. 118-119) で、仕上げとして 1 問、降昇調を取り上げてある。それも参考に、降昇調が会話の中でどのように現れるか、観察してみてほしい。

EXERCISES

今日、学習したことをおさらいしよう。

DL 48 音声をよく聞き、下線部のイントネーションが下降調か上昇調かを聞き分けよう。なお、聞き分けのヒントとなるピリオドや疑問符は付けていないので、必要な記号を補おう。

Walter: Ow!

Flight Attendant: Oh, I beg your [(1)]pardon, sir

W: Oh ... my fault. My foot was sticking out in the aisle.

FA: Would you care for tea or [(2)]coffee

W: Let's see ... do you have any cold drinks? I'd like a diet Coke.

FA: I'm sorry, sir, but we don't have diet drinks.

W: Oh, yeah ... I keep forgetting this is Europe. I'll have a regular Coke, and ... hey, Mary, wake up. This is my wife, Mary.

FA: Pleased to meet you.

Mary: Huh? Walter, [(3)]what'd she say

W: Mary, she's speaking English. Sorry, miss ... we're both pretty tired. So far we've been to England, [(4)]France, Belgium, and Italy.

解答と解説

(1) pardon（下降調）
(2) coffee?（上昇調）
(3) what'd she say?（上昇調）
(4) France（上昇調）
(5) isn't it?（上昇調）
(6) home?（下降調）
(7) Wisconsin?（上昇調）
(8) Wisconsin.（下降調）
(9) American?（上昇調）
(10) Mary.（下降調）

　問題の各個所で、なぜ下降調、あるいは上昇調が使われるのかを見てみよう。まず下降調が使われているのは (1)、(6)、(8)、(10) だ。(1) が謝る表現、(6) は wh- 疑問文だからだ。なお、ナレーションの home の発音は非常に明瞭な、典型的な下降調だ。よくまねて、練習をするとよい。

　(8) の下降調は平叙文だからだが、実はこの文では、「私も」という部分が最も大切なので、I'm の方により目立った下降調が使われている。しかし、(7) と比較するためにここではあえて問題にした。(10) は

FA: Really? How long have you been traveling?

W: A week and a half.

FA: But ... that's a short time, ⁽⁵⁾isn't it   I mean, when are you going ⁽⁶⁾home

W: In a few days. We own a store back in Wisconsin, and ...

FA: ⁽⁷⁾Wisconsin   I'm from ⁽⁸⁾Wisconsin

W: Wisconsin! You're ⁽⁹⁾American   Well, I'll be darned.

FA: My name's Donna Vickers.

W: I'm Walter Burns, and this is my wife, ⁽¹⁰⁾Mary   Wake up, Mary.

FA: Pleased to meet you.

M: Huh? Walter, what'd she say?

同格の用法で、直前の wife も下降調だ。

　次に上昇調を見ていこう。

　(2) では乗務員が、コーヒーと紅茶以外の飲み物も扱っているとほのめかしているわけだ。(3) は問い返しの疑問文、つまり発言の繰り返しを求めるための上昇調で、(4) は項目の羅列の上昇調。(5) は相手の答えを求める付加疑問で、(7) と (9) も、相手に答えを求める言い方だ。ちなみに (10) の直後の Wake up と Mary はともに上昇調だが、これは断定を保留することで強い口調を柔らげる用法だ。

　なお、下降調と上昇調を混同しないためのアドバイスを、一言付け加えておく。下降調では音程を下げるために、いったん高い音程まで声を上げる必要がある。人によっては、この予備動作の上昇のせいで、下降調を上昇調ととらえてしまうことがある。しかし、これは下降にいたる前のプロセスに過ぎない。大事なのは、目立つ音節とその直後の音節の間に生じる高低差であり、そこで音程が下降すれば下降調であり、上昇すれば上昇調なのだ。

（会話文の訳は p. 126 にあります）

第**12**日 英米の発音の違い

同じ英語とはいっても、アメリカ英語とイギリス英語は全く同じというわけではない。ここでは、いざというときに戸惑わないよう、英米で発音に違いが現れる文や、異なる発音をする単語を聞いて、耳慣らしをしておこう。

Warm-up 次の問題にチャレンジしてみよう。

1. 音声を聞いて、以下の文の発音が、アメリカ人によるものか、イギリス人によるものか判断しなさい。また、両者を聞き比べて、違う部分を指摘しなさい。

(1) The poor old man was a little more cheerful today.

(2) The poor old man was a little more cheerful today.

2. 初めにアメリカ人が読んだ文が、次にイギリス人が読んだ文が流れる。アメリカ英語とイギリス英語で違いの現れている部分に下線を引きなさい。

(1) It's no laughing matter.

(2) I've heard a lot about you.

(3) We can't put all the tomatoes in the refrigerator.

解 説　聞き取りのためには違いを知ることも大切

　英語を使っている国は数多くあるが、やはり、アメリカとイギリスがその代表的な国だといえる。しかし、**アメリカ英語とイギリス英語は同一ではない**。本書もそうだが、日本ではアメリカ英語を標準としているために、イギリス英語を聞くと分かりにくいと感じる人は多い。

　しかし、世界的にはイギリス英語も広く使われている。それだけに、本書の目的である聞き取りという点に関していえば、イギリス英語の発音の特徴についても知っておく必要がある（もちろん、つづりや、用いられる単語に言葉遣いなど、発音以外にも両者の英語には違いがあるのだが、それは本書の目的からそれるので扱わない）。

　ところで、最近、イギリス英語に関心を持つ人が増えている。そのため、英米のどちらの英語を学ぶべきかと悩む人も増えているようだ。確かに**アメリカ英語とイギリス英語には違いもあるのだが、標準的なものであるならば、両者にはむしろ重なる部分の方が多い**。違いは、東京弁と大阪弁の違いより小さいと言う人もいるほどだ。それだけに、発音ばかりでなく言葉遣いなども含めて、本当に微妙な点まで違いを再現できる人やできるようになりたい人は別として、一般の英語学習者は、あまり両者の違いに神経質になる必要はないだろう。

　まずは、本書を使って、しっかりと聞き取りの基礎作りをしてほしい。

解答

1. (1) イギリス人
   (2) アメリカ人
2. (1) no、laughing、matter
   (2) heard、lot
   (3) can't、put、tomatoes、refrigerator

　1. の (1) と (2) は、英米の違いを如実に表す例文だ。聞き分けのポイントは、poor、little、more の 3 語。
　2. の 3 つの例文も同様で、3 文ともに有声化の [t] が含まれているが、それぞれに母音の発音などの違うポイントも含まれ

ている。
　なお、両方の発音を、自分で発音し分けられるようになる必要はない。ただ、聞いてどちらの発音も理解できるようにはしておきたい。

訳

1. そのかわいそうな老人は、今日は少し具合がよくなった。
2. (1) 笑いごとではない。
   (2) おうわさはかねがね伺っておりました。
   (3) トマトを全部冷蔵庫に入れることはできない。

PART 1 母音、子音の違い

次の英文は、アメリカ英語→イギリス英語の順に収録されている。下線部に注意して聞き、音声について発音してみよう。

1. Bert turned at the church.

2. Bears appeared here and there.

3. On her tour through Europe, she met some poor children.

4. When he got to the bar, he opened the door.

5. Tom got a lot of boxes at the shop.

6. He saw some friends on the corner and talked a while.

7. When Joan was going along the road, she saw some roses.

8. Sam hurried because he was worried about his children.

9. After his bath, he thought up some questions to ask in his class.

10. I studied literature a little, but I was not a good student at all.

訳

1. バートは教会のところで曲がった。
2. クマがあちこちに出現した。
3. ヨーロッパを旅行中に、彼女はかわいそうな子供たちに出会った。
4. 彼は、バーに着いて、ドアを開けた。
5. トムはその店で多くの箱をもらった。
6. 彼は角のところで友達に会って、しばらく話をした。
7. ジョーンはその道を通っていたとき、バラの花を見た。
8. サムは急いだ。子供たちのことが心配だったからだ。
9. 彼は入浴後、授業で（生徒に）尋ねる質問を幾つか思い付いた。
10. 私は文学を少し勉強したが、良い学生だったとは全然言えない。

解説 [ʊɚ] は [ɔː]、[æ] は [ɑː]？

　1. ～ 4. は、**語末ないしは子音前の r の発音**だ。アメリカ英語（以下、米）では、舌先を反らしたり、舌の付け根を持ち上げたりして、**つづりの r を発音する**。一方、**イギリス英語（以下、英）では、r は直後に母音が続かない限り発音しない**。そのため、さらっとした、時にはカタカナ読みのような発音に聞こえる。ただし、英では、母音で始まる語が後に続く場合、普段発音しない語末の r が発音されることがある。2. の here and の下線部がそれで、「**ヒアルン**」となっている。米ではこのような連結はない。

　また、3. で下線を引いた部分の母音は、**米では [ʊɚ] だが、英ではしばしば [ɔː] と発音される**（ナレーションでは poor が該当）。

　4. の door は、米では [dɔɚ]、つまり「**ドーァ**」だが、英では [dɔː]、すなわち「**ドー**」だ。

　5. の下線部の発音は米では [ɑ] だ。やや長めに発音される傾向がある。一方、英では [ɒ] だ。[*1] これは、唇を丸めながら、口を最大限に開き、のどの奥から「オ」と言って出す音だ。

　6. は一般に [ɔː] と表記される母音だが、米では実際のところ [ɑː] と発音される（→ p.39）。**英では [ɔː] を用い、唇をかなり丸めて「オー」と発音する**。この母音は、5. の母音 [ɒ] より、口の丸め方が少し強い。

　7. の下線部は米では [oʊ] だ。[oː] と長母音で発音する人も多い。[o] は、唇を丸め、口を [ɔ] よりも小さく丸める「オ」だ。一方、英では [əʊ] だ。[*2] やや暗く、「エウ」に聞こえることもある（ナレーションでは [oʊ] に近いものもあるが、やはり暗めの響きだ）。

　8. の下線部はどちらも、米では [ɚː]、英では [ʌ]。[*3] courage、curry、nourish なども同じ音だ。

　9. では下線の a のつづりに、米では [æ] を当て、英では大きく口を開けた [ɑː] を当てる。違いが出るのは、a の後ろに 1) [f]、[θ]、[s]、2) [m] ＋子音、[n] ＋子音が続くときで、can't もこの例だ。

　10. は、**母音または有声音に挟まれた [t] の発音**だ。米では、有声化して [d] や「ラ」行子音のように聞こえる。有声化とは音が弱まることなので、米では柔らかく響く。**英では、[t] は [t] のままなので硬く響く**。

　　*1 辞書などで [ɔ] が使われるが、実際には 6. の [ɔː] よりもっと口を開けた音である。そのため、正確にはこの [ɒ] を用いる。
　　*2 ただし、イギリス人全員が使う母音ではなく、主に教養のある層で使われる。
　　*3 特に worry を「ウォーリー」と読んでしまいがちだが、それは英米いずれの発音でもない。

語の発音、アクセントの違い

 次の英文は、アメリカ英語→イギリス英語の順に収録されている。
下線部に注意して聞き、音声について発音してみよう。

1. To<u>ma</u>toes only grow in ferti<u>le</u> land.

2. I saw some squir<u>rels</u> here and there.

3. The <u>lieu</u>tenant spoke about the new mis<u>si</u>les.

4. This mob<u>ile</u> computer has turned out to be too frag<u>ile</u>.

5. The <u>princess</u> has a slender fi<u>gure</u>.

6. They made <u>inquiries</u> about that old figu<u>rine</u>.

7. The <u>secretary</u> is not necessarily efficient.

8. The <u>chauffeur</u> stopped the car in front of the ca<u>fé</u>.

訳

1. トマトは肥えた土地でしか育たない。
2. あちこちでリスを見た。
3. その中尉は新しいミサイルについて 話した。
4. このモバイルコンピューターは非常 に壊れやすいということが分かった。
5. 王女はほっそりした姿をしている。
6. 彼らは、その古い陶磁器の人形につ いて尋ねた。
7. その秘書は必ずしも有能ではない。
8. そのお抱え運転手は、カフェの前で 車を止めた。

解 説　「モバイル」はイギリス風？

ここでは、英米で異なる読み方をする単語を見ていこう。

1. の tomato(es) は、米では [təméɪtoʊ]、英では [təmáːtəʊ] で、語中の [t] の音の違いに加え、強勢母音の音そのものが大きく異なる。*1　また、語末の -ile は、米で [-(ə)l]、英では [-aɪl] と発音されるため、fertile は、米で [fə́ːtl]、英で [fə́ːtaɪl] となっている。

2. の squirrel(s) は、米 [skwə́ːr(ə)l]、英 [skwír(ə)l] なので、米では「スクウェ〜ゥ」か「スクウェ〜ロゥ」、英では「スクィロゥ」のように聞こえる。

3. は、lieutenant が 米 [luːténənt]、英 [ləfténənt]。*2　missile(s) は米 [mísl]、英 [mísaɪl] だ。

4. の mobile も、米では [móʊbl]、英では [máʊbaɪl] だ。米でも [móʊbaɪl] と発音することもあるが、主流ではないだろう。

5. 〜 8. は主に強勢の違いだ。5. の princess は、米では príncess、英では princéss だ。figure は発音そのものが異なり、米では [fígjə]、英では [fígə]。つまり米は「フィギュァ」、英は「フィガ」と聞こえる。6. の figuríne も [j] の有無がポイント。また英では、[fígəriːn] という発音もある。

6. の inquiries（単数形は inquiry、また特に英では enquiry ともつづる）のよく知られている発音は、英米共通の [ɪŋkwáɪəri] だ（ただし米では [ə] が [ɚ] となる）。ただ、米では [íŋkwəri] がよく使われる。強勢が変わると見当がつかなくなる語の代表だ。

7. は、英米の強勢パターンの違いを示す例だ。米では長めの語には第2強勢を付けるが、英では付けない。従って、secretary は米で [sékrətèri]、英で [sékrət(ə)ri] と、発音される。ちなみに、necessarily は現在、米英ともに [nèsəsérəli] が一般的だ。ただ、ナレーションではあえて英を、保守的な発音 [nésəs(ə)rəli] で収録してある。

8. はフランス語から来た語の強勢だ。米では原語風に最終音節に強勢を置くことが多いが、英では、英語風に強勢を前に置く。chauffeur の米 [ʃoʊfə́ː]、英 [ʃə́ʊfə] や、café の米 [kæféɪ]、英 [kǽfeɪ] がそうだ。ただし、chauffeur は英でも、後ろに強勢のある [ʃəʊfə́ː] が使われることもある。

英米の英語の中には、さまざまななまりや方言がある。そのような英語は、慣れなければ皆目分からないものだ。聞き取れなくても決して悲観的になることはない。

*1 ただし、potato の強勢母音は、英米とも [eɪ] だ。
*2 ただし、イギリスの若い世代にはアメリカ式の発音をする人も多いようだ。

EXERCISES

今日、学習したことをおさらいしよう。

1. 下線部(1)のセリフを聞き、Alice がアメリカ人かイギリス人かを推測しよう。また、その根拠となる発音を含む単語を指摘しよう。

2. 下線部(2)の中で、強勢の違い以外の、英米いずれかの発音の特徴を指摘しよう。

3. 下線部(3)と(4)で、英米のいずれの発音かを知る手掛かりとなる特徴的な部分を指摘しよう。

Max: Bert just got back from Barcelona.

Alice: ⁽¹⁾I wonder if he delivered the documents on time to the laboratory. They need those documents to finish work on our new product.

M: Actually, he couldn't make it to the lab. He was riding his bicycle and ...

A: Bicycle? Why didn't he take a cab?

M: Bert loves riding bicycles. Anyway, ⁽²⁾the secretary said that the laboratory was 20 kilometers away from the city. There's a famous church near the lab. She told Bert to turn right at the

---

解答と解説

1. アメリカ人
   delivered、documents、laboratory

2. kilometers、city

3. 下線 (3): not、going to
   下線 (4): Bert、interesting

1. は、delivered で下線部で r ([ɚ]) が響いていること、documents の母音が [ɑ]「アー」であること、laboratory が２つの強勢を持つことが主要な特徴なので、

アリスはアメリカ英語の話し手と考えられる。ちなみに、laboratory は、米では [lǽbrətɔ̀ɚri] だが、英では強勢が１つで [ləbɔ́rət(ə)ri] または [lǽbrət(ə)ri] だ。

なお、微妙な特徴としては、wonder if が挙げられる。r がやや響いていることと、それが [ɪ] と結び付いていないところがそうだ。

2. kilometers と city の [t] が有声化している点が、米の特徴を表している。ただし、20 (twenty) の [t] はそれほどはっきりと有声化していないようだ。実は、[t] の有声化の現象は、米なら必ず起こるという

church.

A: And then what happened?

M: (3)You're not going to believe this, but some of Bert's friends were also in Barcelona, and they were visiting that church then. He saw his friends on the corner and talked a while.

A: What a coincidence!

M: Yeah, but after that, he forgot what the secretary told him and turned left, instead of right.

A: Oh, no.

M: He looked for somebody he could ask for directions, and finally he saw a bar down the road. When he got to the bar, he opened the door.

A: Let me guess—Bert's friends were in the bar.

M: No, but the lab manager was. Bert gave him the documents and spent the night at his house.

A: (4)Bert had an interesting trip to Barcelona.

わけではなく、発音の粗雑さや速さに影響されるのだ。ちなみに、kilometer（英のつづりは kilometre）には kilómeter と kílomèter の2種類の強勢形がある。米では前者、英では後者が多く用いられるが、逆を使う人もかなりいる。

3. 下線部(3)では、not の母音が [ɑ]「アー」に近いことがポイントだ。なお、going to が gonna[gənə] と発音されているが、gonna は英でも、口語として広く使われる。

下線部(4)では、Bert の母音 [ɚː] と、interesting の [t] が脱落している点が米の特徴だ。後者は、[t] が前の [n] と後の [ə] の影響で有声化する（＝弱まる）変化が、さらに極端になった現象だ（→ p. 79）。

（会話文の訳は p. 126 にあります）

第**13**日

発音が難しい語

「ムクダーヌゥヅ」っていったい何？　間違った発音で覚えてしまった単語は、正しい発音を聞いても、その語を思い浮かべることができない。つづりと発音を一致させて覚えることが難しい単語で徹底的に耳慣らししよう。

Warm-up　次の問題にチャレンジしてみよう。

1. 外来語として日本語に入っている以下の語を、英語の正しい発音で読んでみよう。

(1) クラブ club

(2) クリップ clip

(3) スリル thrill

(4) チケット ticket

(5) スタジオ studio

(6) オーブン oven

(7) コメント comment

(8) パターン pattern

(9) マクドナルド McDonald's

2. 以下の語を正しく発音しなさい。

(1) choir

(2) won

(3) eyebrows

(4) height

(5) psychiatrist

解説　ちゃんと発音しているはずなのに、なぜ？

　自分ではちゃんと発音しているつもりなのに、なぜか全く通じない、というようなことは結構ある。その原因は単語を正しく発音していないからだといえそうだが、**単語の発音の間違い方には2通り**が考えられる。ひとつは、**日本語に外来語として入っている英単語を、日本語式の発音のまま使ってしまう場合**。そしてもうひとつは、**つづりと発音が一致しない**語の場合だ。

　日本語式の発音は、英語からかけ離れてしまっていることが多い。1.の(9)に挙げた「マクドナルド」はその典型だ。アメリカでマクドナルドに行こうと思って現地の人に「Where is マクドナルド？」と聞いたけれど通じなかった、という経験をした人はいないだろうか。英語の McDonald's は [məkdάːnldz]、つまり「ムクダーヌッヅ」なのだ。日本語式のように、比較的平らに、しかもパタパタと同じリズムで音節を発音しては通じない。

　つづりにつられて誤った発音をしてしまうことも多い。2.の(1)の choir は決して「チョイア」などではないのである。このような語は地道に辞書を引いて確認した方がよい。ただ、つづりと発音が一致するかしないかを区別する手だてはない。それだけに、単語を調べる際には必ず、発音記号もきちんと見ておくよう心掛けたい。

　なお、つづりと発音が一致しないのに、一致するかのような発音で定着している外来語がある。これは始末が悪い。2.の(2)の won などがその代表だ。正しくは [wʌn]（「ゥワンヌ」）で、one と同じ発音なのだが、日本ではテニスの試合などで「ゲームウォンバイ～」などと言われている。

　間違った発音で単語を覚えていては、正しい発音を聞いてもその語を思い浮かべることはできない。きちんとした発音を覚えることは、聴解力を上げる方法でもあるのだ。

解答

　1.の(1)～(3)は、語頭に子音連結を持つものだ。日本語では、本来入るはずのない母音が第1子音の後に入ってしまっている。(4)～(6)は、母音または子音が、英語本来の音と大きく異なっている例で、(7)～(9)は強勢位置が異なる例だ。

　2.は (1)[kwáɪə]、(2)[wʌn]、(3)[áɪbràʊz]、(4)[háɪt]、(5)[saɪkáɪətrɪst]。どれもつづりと発音が一致しない。

訳

(1) 聖歌隊
(2) win の過去・過去分詞形
(3) まゆ　(4) 高さ　(5) 精神科医

PART 1 外来語の発音

DL 56

次の英文を下線部に注意して聞き、音声について発音してみよう。

1. The movie was full of <u>thrills</u>.

2. He bought two <u>tickets</u> from a scalper in front of the <u>stadium</u>.

3. The passenger asked the <u>stewardess</u> for <u>margarine</u> and <u>mayonnaise</u>.

4. Eugene <u>Smith</u> replaced his old <u>Chevrolet</u> with a new <u>Jaguar</u>.

5. The <u>manager</u> <u>allowed</u> the new cook to use the oven.

6. He is an <u>infamous</u> computer <u>maniac</u>.

7. The <u>bomber</u> dropped many <u>bombs</u> at <u>intervals</u>.

8. <u>Leonard</u> is the <u>image</u> of his father.

9. Is there any difference between <u>cocoa</u> and hot <u>chocolate</u>?

訳

1. その映画はスリル満点だった。
2. 彼はスタジアムの前でダフ屋からチケットを2枚買った。
3. その乗客はスチュワーデスに、マーガリンとマヨネーズを頼んだ。
4. ユージン・スミスは、古いシボレーから新しいジャガーに車を乗り換えた。
5. 支配人は新しいコックにそのオーブ

ンを使うことを許した。
6. 彼は悪名高いコンピューターマニアだ。
7. 爆撃機はそこかしこにたくさんの爆弾を落とした。
8. レナードは彼の父に生き写しだ。
9. ココアとホットチョコレートには違いがありますか。

解説　外来語のままの発音では通じない

外来語には、本来の発音とは似ても似つかないものが多い。そのままでは通じないし、聴解にも役立たない。

1. の thrill は、「スリル」からは想像できないような発音だ。その理由のひとつは、語頭の [θr] という子音連結だ。[*1] この [θr] は、間に母音を入れず、一気に発音しなければならない。しかし、「子音＋母音」を基本単位とする日本語で育った私たちは、どうしても [θ] の後に母音を入れたくなる（しかも、[θ] が [s] に代わってしまう）。これを防ぐには、まず [θ] を省いた [-ríl] の「ゥレゥ」という発音だけを練習し、うまく発音できるようになったら、前に [θ] を軽く添えるようにするとよい。[θ] は、ごく弱く短くささやくように発音する。[*2]

2. の ticket(s) は、「チケット」ではダメで、語頭を [tɪ]、つまり「ティ」のようにしないと通じない。front は [frʌnt]、「フラント」であって、「フロント」ではない。

3. の stewardess [*3] は [st(j)úːədəs]、つまり「ステューアダス」で、最も目立つのは「テュー」だ。まずこれを練習し、次に「**テュー**アダス」、最後に [s] をごく軽くささやくようにして頭に付けるとよい。日本語式の「ワー」が目立つ「スチュワーデス」ではない。スチュワードも同様で steward [st(j)úːəd] だ。また、margarine は [mάədʒ(ə)rən] で、mayonnaise は [méɪənèɪz] だ。

4. の Smith は [smíθ] だ。Smith の発音は、まず [míθ] から始めて、それに [s] を軽く添えるとよい。Chevrolet は [ʃèvrəléɪ]、Jaguar は [dʒǽgwɑə] または [dʒǽgjuə]（特に英）だ。

5. の manager は [mǽnədʒə] で、最初の音節が強い。[*4] allow(ed) は [əláʊ] だ。now がそうであるように、ow はしばしば「**アゥ**」と読む。

6. の infamous[ínfəməs] は強勢に注意。maniac は [méɪniæk] だ。

7. の bomber は、mb というつづりの b を発音しないので、[bάmə] となる。「ボンバー」ではない。bomb(s) も同様で [bɑm(z)] だ（ただし bombard は [bɑmbάəd] だ）。interval は強勢が第 1 音節に付き、[ín(t)əvl] だ。アメリカ英語では [t] を落として「**イナヴォゥ**」と発音されることも多い。

8. の Leonard は、「レオナルド」ではなく、[lénəd] だ。image も [ímədʒ] で、最初の音節が強い。

9. は、cocoa が [kóʊkoʊ]、chocolate は [tʃάːk(ə)lət] で「**チャークレト**」だ。

*1 また、[l] の出し方も理由のひとつだが、これについては p.47 と p.77 を参照。
*2 Warm-up の 1. の club、clip も同様に練習するとよい。
*3 現在は性差のない flight attèndant を使うのが一般的だ。
*4 日本語だと「（運動部などの）世話係」という意味があるが、英語では「監督」や「支配人」だ。

読み誤りやすい語

次の英文を下線部に注意して聞き、音声について発音してみよう。

1. No rest for the <u>wicked</u>.

2. The <u>plumber</u> died a <u>wretched</u> death and was <u>buried</u> in a remote place.

3. The blue sky <u>pattern</u> on the wallpaper makes people feel relaxed and <u>comfortable</u>.

4. <u>Eleanor</u> <u>won</u> a lottery and paid her <u>mortgage</u> with it.

5. <u>Charlotte</u> is in the choir and sings <u>psalms</u> every Sunday.

6. <u>Graham</u> took the <u>cupboard</u> and the <u>wardrobe</u> to his new house.

7. The <u>colonel</u> encouraged his <u>corps</u>, waving his <u>sword</u>.

8. <u>Michelle</u> looked at her <u>clothes</u> and chose the brightest <u>dress</u>.

9. <u>Hugh</u> swam from the <u>quay</u> to the <u>buoy</u>.

訳

1. 貧乏暇なし。
2. その配管工は惨めな死に方をして、人里離れた所に埋められた。
3. その壁紙の青空の模様は、人の心をなごませ快適な気分にさせる。
4. エレナは宝くじを当て、住宅ローンを払った。
5. シャーロットは聖歌隊に入っていて、

毎週日曜日に賛美歌を歌っている。
6. グレアムは新居に食器棚と衣装ダンスを持っていった。
7. 大佐は剣を振り回しながら、兵隊たちを鼓舞した。
8. ミシェルは自分の（手持ちの）服を見て、一番派手なドレスを選んだ。
9. ヒューは埠頭（ふとう）からブイまで泳いだ。

解説　colonel は何と読む?

　英語には、つづり通りに発音しない語が嫌というほどある(その意味では、外国人泣かせの言語といえる)。そのため、単語を調べたら必ず発音を確認しておきたい。何度も言うようだが、**間違った発音で覚えていたら、相手にも通じないし、聞いても分からないのだ**。

　1. は -ed を [d] ではなく、[ɪd] ないしは [əd] と発音する例だ。一見、過去分詞のようだが、純然たる形容詞の場合、このように発音する。この wicked は [wíkɪd] で「ウェケッド」に近い。同様の語は naked、crooked、ragged、rugged など結構ある。

　2. の plumber は、Part 1 でも説明した -mb- の b を発音しない語の例で、[plʌ́mə] と読む。wretched の -ed は 1. と同じタイプで、[rétʃɪd] だ。bury (buried) は [béri] だ。

　3. の pattern は外来語に入っているので間違いやすい。強勢は最初の音節にあり [pǽtən]「ペァダンヌ」だ。「パターン」のように後半が伸びることはない。comfortable[kʌ́mfətəbl] も第 1 音節に強勢がある。さらに母音も要注意。「**カ**ム–」であり、「コム–」ではない。

　4. の Eleanor は [élənə] で「**エレナ**」だ。won は Warm-up でも述べたように [wʌ́n]。mortgage は、t を発音しないし、-gage も「ゲージ」ではないため、[mɔ́əgɪdʒ]「**モァゲッヂ**」だ。

　5. の Charlotte は [ʃúələt]「**シャーァラト**」。psalm(s) は [súːm(z)] で、ps- の p は通常、発音しない。

　6. の Graham は「グラハム」ではなく [gréɪəm] だ。cupboard は [kʌ́bəd]「**カ**バド」で、「カップボード」からは程遠い。wardrobe は [wɔ́ədroʊb] で、war のつづりは「ワー」ではなく「ゥオー」だ。

　7. の colonel は極めて例外的な発音で、[kə́ːnl]、つまり「**ク**ァ〜ヌゥ」のように読む。corps は [kɔ́ə]。複数形だと、つづりは同じだが、発音は [kɔ́əz] となる。sword は w を発音せず、[sɔ́əd] だ。

　8. の Michelle は [mɪʃél]、clothes は close と同じ [klóʊz] でよい。dress は「ドレス」ではなく「**ヂュエス**」に近い。

　9. の Hugh は [hjúː]、quay は [kíː] だ ([k(w)éɪ] と発音する人もいる)。buoy は [bɔ́ɪ] で、boy と同じ発音だ ([búːi] と発音する人もいる)。

EXERCISES

今日、学習したことをおさらいしよう。

音声を聞き、空欄の語を書き取りなさい。ただし、1カ所に入る語が1語とは限りません。

Rhonda: Boy, some people have all the luck.

Tony: What are you talking about?

R: I'm talking about my sister Tammy. (1)(　　　　　), on Friday, she went to the Van Halen concert.

T: I thought the concert was sold out.

R: It was. But she bought two (2)(　　) from a scalper in (3)(　　) of the (4)(　　　　). And guess what?

T: What?

R: They were front row (2)(　　)! Can you believe that? And the (5)(　　) pulled her on stage! Later, she went to a (6)(　　) with the (7)(　　) at their (8)(　　).

T: She certainly was lucky.

R: That's nothing. The next day, she won $75,000 in a lottery.

T: Wow! That's incredible. Has she decided what to do with the money?

解答と解説

(1) First of all
(2) tickets
(3) front
(4) stadium
(5) singer
(6) party
(7) band
(8) hotel
(9) mortgage
(10) thrills
(11) T-shirt
(12) hole

　いくつかは Part 1、2で扱ったものなので、容易に書き取れたと思う。それ以外の語は、日本語式に発音して覚えていると聞き取りにくいものに絞った。ただ、私たちには、なじみ深い語ばかりなので、全体的に難しくはなかったかもしれない。

　(1) は、3語なのに空欄を1つしか設けなかったので、長い1語を想像した人もいるだろう。「ファースト・オブ・オール」といっ

R: Yeah. She paid her ⁽⁹⁾(   ) with it, and she replaced her old Chevrolet with a new Jaguar. While she was buying the car, she met Tom Cruise at the car dealer's. He was buying a Jaguar, too.

T: Well, it sounds like Tammy's life has been full of ⁽¹⁰⁾(   ). By the way, did Tammy buy anything for you?

R: Nothing except for this stupid ⁽¹¹⁾(   ) I'm wearing.

T: Um ... Rhonda? Did you know that your ⁽¹¹⁾(   ) has a ⁽¹²⁾(   ) in it?

た具合に、カナ発音で1語ずつ区切って読む癖のある人には分かりにくかったはずだ。しかし、英語では、続けて発音できる部分は続けるのが普通だ。日ごろから語を連結（→ p. 69）させて発音するようにしておきたい。

(5) は [síŋɚ] で、日本語の「シンガー」とはかなり異なる。[ŋɚ] はいわゆる鼻濁音の「ンガ」の感じだ。

(6)、(7)、(8) はそれぞれ、ナレーションの発音をあえてカナ書きすれば「パアディ」「ベーァンド」「ホォテゥ」だ。外来語として使われる発音と大きく異なることは一目瞭然だ。

(11) は [tíːʃɚːt] で、特に最後の [t] が聞こえにくく、日本語の「ツ」から程遠い。

(12) は後の in it とひと続きになり、「ホーレネット」といった感じになる。hole の [l] は決して「ル」とは聞こえない。

聞き取り力を伸ばすには、つづりを知っている語の正確な発音を覚えることが欠かせない。正しい発音を知って初めて、その単語を聞いたときに認識できるのだ。

(問題文の訳は p. 127 にあります)

第**14**日

後半のまとめ

問題に答えて、8日目〜13日目で学んだことを復習しよう。

PART
1

イントネーションと音の変化

DL
59

1. イントネーションから、意味の違いを考えて訳しなさい。

(1) They are cutting boards.

(2) They are cutting boards.

DL
60

2. 核の置かれている語に下線を引きなさい。また、それが答えとなるのにふさわしい疑問文を作りなさい。

(1) I painted this picture.

(2) I painted this picture.

DL
61

3. 音声を聞いて書き取りなさい。

(1)
....
(2)
....
(3)
....
(4)
....

（問題文の訳は p. 120 にあります）

114

解答と解説

1. (1) 彼らは板を切っている（核は boards）。
   (2) それらはまな板だ（核は cutting）。
   　核の位置で意味が変わってしまう例だ。**核は通常、最後の内容語に付く**のが原則だ。そこで (1) は、現在進行形を用いた boards が目的語の SVO 構文になる。一方 (2) は、cutting boards 全体が最後の内容語と考えられる。これは、「動名詞＋名詞」ということだ。イントネーションが、これほどはっきり意味を変えてしまう例はそう多くない。だが、イントネーションの違いは意味や文構造にまで影響を及ぼすことがある。おろそかにしないようにしたい。

2. (1) I painted this picture. ← Who painted this picture?
   (2) I painted this picture. ← Which picture did you paint?
   　文中の最後以外の要素がイントネーションの核となる例だ。そこに下降調が用いられるならば、その部分が、聞き手にとっての新情報（と話者が思っていること）である。(1) では I、(2) では this が新情報となっているので、それを尋ねる疑問文を作ればよい。

3. (1) Get away from it all.
   (2) Couldn't be better.
   (3) Let me get this straight.
   (4) It's not easy to get along with them.
   　音変化を含む語の書き取りだ。
   　⑴では、Get away from it all の下線部が連結する上、2つある [t] が有声化する。from も、弱まっているため分かりにくいだろう。
   　⑵では Couldn't の [t] が脱落し、better の [t] が有声化している。
   　⑶では Let、get、this の下線部が聞こえなくなる。また、straight の語末の [t] のような破裂音も、後ろに何も続かないと、破裂の前までで発音を終えてしまうことが多く、「ッ」で終わるような感じになる。英語ではこのように、かなりの子音が聞こえなくなる。
   　⑷は全体が滑らかにつながって聞こえる。母音で始まる語が2つ（easy と along）あるのが大きな理由で、それらの前の [t] はもちろん有声化している。さらに with them の発音もつながって聞こえる理由のひとつだ。[ð] が1つになり、前後の2つの母音も弱まっている。

PART 2　連結・脱落や、英米の違い

DL 62

1. 音声を聞いて書き取りなさい。

(1)

(2)

(3)

(4)

DL 63

2. 下線の単語の発音に注意して音読しなさい。

(1) The <u>aisle</u> is <u>designed</u> to be wide on this <u>vehicle</u>.

(2) The hungry rat <u>gnawed</u> the <u>hose</u>.

DL 64

3. 次の文で、英米の発音の違いが現れている個所を指摘しなさい。

(1)　(a) No trouble at all.（米）

　　　(b) No trouble at all.（英）

(2)　(a) John had a party last night.（米）

　　　(b) John had a party last night.（英）

（問題文の訳は p. 120 にあります）

解答と解説

1. (1) They greatly contributed to the country.
   (2) Carol was in the middle of the people.
   (3) My teacher asked me if I'd(I had) read the textbook.
   (4) Does she say I should be there for you?

子音連結と脱落を中心とした書き取りだ。

(1)では、greatly の [tl] と、contributed と country の [tr] の違いに注意。後者の [tr] は「チュ」のようになるが、-tly の [tl] ではむしろ [t] が脱落する。語末の [tli] を [tri] と発音しないように。

(2)では、Carol と middle に注意。middle や people のような子音＋ [l] の [l] は、「ウ」か「オ」に近い。Carol のような [rl] は、「オゥ」に近いが、かなりモヤッとしたつかみどころのない音だ。middle では [d] が単独ではなく [l] と組むため、やはり、「ドゥ」に近いはっきりしない音になる。

(3)の asked me は1語1語を発音記号で表すと [ǽskt] [mi] となるが、[kt] は破裂音が連続するので、前の破裂音 [k] が落ちる。また、[m] の前の [t] も発音しづらいので落ちて、[ǽsmi] という発音になる。また、had も [d] という短縮形になっている。textbook の下線部は [kstb] で、子音が4つも連続していて発音しづらい。そこで [t] が落ちる。

(4)の Does の語末の [z] は、後続の [ʃ] の影響で落ちる。should の語末の [d] も、後ろの be の影響で落ちている。

2. つづりと発音の一致しない語がポイントだ。aisle では s を発音せず、[áɪl]「アエゥ」だ。design(ed) は [dɪzáɪn(d)] で、つづり字の g は発音しない。vehicle は [víːəkl]。h を発音しないで「ヴィーエコゥ」となる。gnaw(ed) は g を発音しない。一般に [nɔ́ː] と表記されるが、実際は [náː] だ。hose の発音は「ホース」ではなく [hóʊz] で、最後が有声音となる。

3. (1) No、at all (2) John、party、last

(1)での違いは、No の母音が米の [oʊ] か英の [əʊ] か、at all の [t] が有声か否か、all の母音が米の [ɑː] か英の [ɔː] かだ。実は、trouble の [ʌ] の音質も英米では微妙に違い、米では「ウ」、英では「ア」に近い。

(2)で違うのは、John の母音（米は [ɑ] で英は [ɒ]）、party での ar（米は [ɑ˞] で英は [ɑː]）と [t] が有声か否か、last の母音（米は [æ] で英は [ɑː]）だ。

EXERCISES

後半で学習したことをおさらいしよう。

DL 65

1. 下線部(1)〜(4)について、核のある語を丸で囲み、なぜその位置にあるのか説明しなさい。

2. 下線部（ア）〜（オ）のイントネーションが「下降調」「上昇調」「降昇調」のうちのどれか答えなさい。

3. 音声を聞いて（　　）の中を書き取りなさい。

Gail: Come in, Mike.

Mike: Thanks, Gail. It's nice to see you again. How have you been?

G: I'm still looking for a (ア)job, but I'm fine. And yourself?

M: I've been doing great.

G: Would you care for tea or (イ)coffee?

M: Sure. I'll have a cup of coffee.

G: OK. By the way, you said that you had some news to tell me.

M: Yes, I do. (1)Two pieces of news.

解答と解説

1. (1) Two　(2) out
　 (3) other　(4) you
2. (ア)降昇調　（イ)上昇調
　 (ウ)上昇調　（エ)上昇調
　 (オ)下降調
3. He tried working at an office and he hated it.

　1. については、4文とも、核には下降調が使われている。つまり、そこには新情報が使われているということだ。(1)では、news が既に出ており、また pieces of もそれに伴う情報であって、新しさがない。

two のみが新情報なのだ。(2)では、Tomや restaurant（business）は既に出ている内容。それに対して、out of ...（……から外れて）は新しい情報だ。(3)では、2つのうちの1つ目の piece of news が既に出てきているので、「もう一方の」を表す other が新しい話題として出されているわけだ。(4)では、その仕事を与えるべき人の選択肢はいろいろとあるのだが、その中から、ほかでもない you に与えたいということを示している。

　2.では、（ア）以外は比較的簡単だったのではないだろうか。ただ、（オ）の下降調（これはかなり高いところから一気に下がっている）と、（イ）、（ウ）、（エ）の上昇調

G: Well, come on, tell me.

M: Tom has opened a new restaurant.

G: (ウ)Tom? Your brother Tom has opened a new restaurant?

M: Yes. And he's invited us to have lunch there tomorrow.

G: That's great. I can't wait. But I thought (2)Tom was out of the restaurant business. He said it was too much work.

M: He changed his mind. (

).

G: Well, I'm happy for him. He's going to join us tomorrow, (エ)isn't he?

M: Of course.

G: (3)What's the other piece of news?

M: Tom needs someone to manage the restaurant. (4)He wants to give the job to you—if you want it.

G: (オ)Yes!

の区別は、それぞれの調子がどういうものか、頭の中にはっきりイメージできていないと意外に難しい。94 ページの 4. 〜 7. などを利用して、その区別を十分理解してほしい。なお、習得のための早道は、実際に自分で発音してみることだ。

　（ア）の降昇調は、比較的短く、全体的に高めで、あまり大きな音程の変化を伴っていない。そのため、分かりにくいかもしれないが、参考のため挙げておいた。このイントネーションは、断定しかけて保留するので、自信のないときや、譲歩のときなどに使われる。そのため、この例のように、しばしば but が後続する。

　3. の書き取りでは、tried の [tr] が「チュ」

のように聞こえる。また、at an office が連結し、[t] も有声化している。and は、ゆっくりなのに [d] が落ちているし、hate の [t] も有声化している。微妙な変化を多く含んだ 1 文だ。

（会話文の訳は p. 127 にあります）

第14日

PART 1 問題文の訳

1.
(1) 彼らは板を切っている。
(2) それらはまな板だ。

2.
(a) 私がこの絵を描いた。 ←誰がこの絵を描いたのですか。
(b) この絵を私は描いた。 ←あなたはどの絵を描いたのですか。

3.
(1) 煩わしいことはすべて忘れて休暇を取りなさい。
(2) 最高だ（これ以上いいことはない）。
(3) はっきりさせておきたい（つまり、こういうことですか）。
(4) 彼らとうまくやっていくのは簡単ではない。

PART 2 問題文の訳

1.
(1) 彼らはその国に大きく貢献した。
(2) キャロルは人々の真ん中にいた。
(3) 先生は私に、教科書を読んだかどうか尋ねた。
(4) 彼女は、あなたのために私がそこにいた方がいいと言うのですか。

2.
(1) この乗り物の通路は幅広く設計されている。
(2) おなかのすいたネズミはホースをかじった。

3.
(1) どういたしまして。
(2) ジョンは昨夜パーティーを開いた。

第1日 (pp. 16-17)

アンディ：素晴らしいパーティーだったね。トムとジェーンにまた会えてよかった。

ベス：ええ、いいカップルね。あー！　とうとう彼、彼女と結婚できたわね。

ア：うん。どうやってこぎつけたのかな？　ジェーンから何か聞いた？

ベ：ええ、聞いたわ。何カ月間もワインと花束のプレゼント攻めで口説かれたそうよ。

ア：それだけかい？

ベ：いいえ。局面が変わったのは、トムがジェーンに、結婚してくれるなら猫たちを飼い続けていいと言ってからよ。

ア：なるほど。やっぱり、ワインと花束のほかに理由があったんだね。

ベ：まあね。ジェーンがどれほど猫を好きか、あなたも知っているでしょ。

ア：猫なんて何の役にも立たないペットなのに。

ベ：そんなことないわ。猫はドブネズミをとるわ──ハツカネズミやそのほかのげっ歯類もね。それに、人間にとって素晴らしい友達になるわ。

ア：分かった。今のは取り消すよ。ところで、トムが今夜着てたセーター、どこで買ったのかな。

ベ：ジェーンがあげたのよ。

ア：ジェーンはどうしてまた、あんなみっともないのを彼に買ってやったんだろうね？

ベ：買ったんじゃないのよ。彼女が彼のために編んだのよ。

ア：トムのやつ、気の毒に。

ベ：それに、私が彼女にあのデザインを選ぶよう勧めたのよ。私たち、2人とも、あれがとてもすてきだと思うの。

ア：トムが長いすなら似合うだろうけど。

ベ：あなたってファッションのこと、何も分かってないのね！

第2日 (pp. 24-25)

ジョージ：（電話で）もしもし。シカゴからパリへの航空券はありますか？　分かりました。後でまた電話します。どうも。

トレーシー：ジョージ、パリへ行くの？

ジ：うん。安い航空券を手に入れるのにそこら中の旅行代理店に電話するつもりなんだ。

ト：だけどジョージ……パリには先月行ったばかりでしょ？

ジ：えーっと、うん、そうだね。

ト：よっぽど楽しかったのね。どのくらいいたの？

ジ：1週間だよ。友達の家に2日ほど泊まって、それからホテルに4泊したんだ。どうしても戻らなくちゃいけないんだよ。

ト：ジョージ……パリでいい人に出会ったの？

ジ：ウーン……まあね。ホテルで。

ト：まあ、すてき！　どんな女性なの？　フランス人？

ジ：そう言っていいかな。実は……3人いるんだ。

ト：何ですって⁉　ジョージ、私はそんなの認められないわ。

ジ：トレーシー、説明させてくれよ。ある晩、僕は、マクドナルドに入ったんだ。

ト：パリでマクドナルドに行ったの？

ジ：おなかがすいててね。で、ビッグマックを手にホテルに入ろうとしたとき、ミャアミャアという哀れっぽい声が聞こえたんだ。そして……。

ト：あきれた。野良猫にビッグマックをやったのね。

ジ：うまそうに食べてたよ。実はその猫たち、毎晩戻ってきてたんだ。

ト：そりゃそうでしょうよ。で……だからパリに戻るっていうの？

ジ：うん、僕がいなくちゃ、誰があの子たちにえさをやるっていうんだい？

ト：アメリカに連れてきなさいよ。ここにはたくさんビッグマックがあるって教えてやればいいわ。

Exercises の会話文の訳 ▶▶▶

第3日 (pp. 32-33)

ツアーガイド：さて、皆さん、次は城の東翼にまいりましょう。

観光客：「東翼」か…… ご立派なもんだ。わが家で翼といえば、インコのシャーリーについているのだけだね。へっへっ。

ツ：さて、書斎に入りましょう。ここが、若きフォン・シュトルムンドラング男爵がイングリッシュ・ティーチャーの授業を受けたところです。そして……

客：英語の先生かね？ それともイギリス人の先生かね？ というのは、イギリス人でない人も英語を教えるし、イギリス人の先生でも教えるのは……

ツ：両方です。彼はイギリス人で、英語を教えていました。さて、この竹のいすは18世紀にシャムの王様から一家に贈られたもので……

客：それは竹のいすだね？

ツ：ええ、その通りです。さて、このいすは……

客：籐（とう）かと思った。へっへっ。

ツ：男爵はこのいすに座って、授業を受け……

客：黒板はあったのかな？

ツ：何とおっしゃいました？

客：やっぱり当時は黒板はなかったろうな。多分、ただの黒い板か何かがあって、それは……。

ツ：さて、窓の外をご覧ください。あちらに見えるグリーンハウス（温室）は特別に作られたもので、その目的は……

客：緑色の家なんか見えないぞ。見えるのは大きなガラスの建物だけだ。へっへっ。

ツ：建物の内部をご覧になりませんか。

客：見たいとも！ さあ行こう！

ツ：皆さん、ここで待っていてください！ 私は鍵を持っていますから！ へっへっ！

第4日 (pp. 40-41)

レイチェル：ねえ、マーティン。今週末は、いつもとまるっきり違うことをしましょうよ。

マーティン：いいとも。釣りに行くのはどうだい？ ほら、僕の上司はバスに乗って湖にバス釣りに行っているよ。

レ：ううん。そういうんじゃなくて、本当に違うことをしたいのよ。例えば、スピランキングとか。

マ：スピ……何だって？

レ：スピランキング。洞窟探検よ。洞窟の中に入って、周りを見回すの。

マ：で、なーんにも見ないんだろ、洞窟の中は真っ暗だから。

レ：ばかね。懐中電灯を持って行くのよ。そしたら、素晴らしい岩石の形成物が見られるわ。それに鍾乳石と石筍（せきじゅん）と……

マ：コウモリもね！ 洞窟にはコウモリがいるんだろ。

レ：ええ、コウモリがいる洞窟もあるとは思うわ、でも……

マ：それについては、「でも」はいいっこなしだよ。コウモリは洞窟が好きなんだ……そして、僕はコウモリが好きじゃない。もうひとつ……僕らが中にいるときに、洞窟が崩れ落ちたらどうする？ 僕の曾祖父は1933年にそんな目に遭ったんだ。

レ：まさか。

マ：本当だってば！ 曾祖父は州境近くに土地を買って、そこで洞窟を発見した。それで、その中にウイスキーを貯え始めたんだ。

レ：ウイスキーを？

マ：ほら、禁酒法時代だったんだよ。

レ：なるほど。自分でウイスキーを作って、そこに隠したのね。

マ：その通り。そして、ある日、一瓶持ち出そうと洞窟に入った。そのとき、外で誰かが叫ぶのを聞いたんだ。「われわれは戦いに勝った。禁酒法の時代は終わったぞ！」ってね。

レ：ひいおじいさんはうれしかったでしょうね。

マ：うれしさのあまり、飛び跳ねて叫んだ。事故が起こったのはそのときだ。洞窟が……崩れ落ちた。

レ：で……亡くなったの？

マ：いや、そうじゃないんだけど……でも、瓶は全部割れちゃった。とにかく、要するに……

レ：要するに、この週末は洞窟探検に行きましょう。

マ：うーん……いいよ。でも、コウモリよけの薬剤を忘れずに用意してくれよな。

第5日 (pp. 48-49)

ポーラ：びしょぬれじゃないの！
ドナルド：雨に降られちゃった。
ポ：雨が降っているの？
ド：うん。ほんの少し前からね。
ポ：そのぬれた服を脱いだ方がいいわ。
ド：そうだね。僕の厚手の赤い靴下はどこかな？
ポ：知らないわ。靴下の引出しにないの？
ド：うん、ここにはない。
ポ：じゃあ、どれでも古い靴下を取りなさいよ。
ド：嫌だ。あの（赤い）靴下でなきゃ。
ポ：あなた、どうかしているわよ、ドナルド。
ド：そんなことないよ。このチノパンツにはき替えたいんだ。これに合うのは、あの靴下だけなんだよ。
ポ：あなたがそうお考えになるなら、そうなんでしょうよ、ミスター・アルマーニ。
ド：あった。奥のほうに埋もれてたよ。
ポ：今度は何をしているの？
ド：猫をからかっている。
ポ：もう、猫がぬれちゃうじゃないの。
ド：喜ぶんだよ。
ポ：ドナルド、体をふいて、服を着替えて。ぐずぐずしないで。
ド：はい、奥様！
ポ：にやにや笑いはやめて、ドナルド。嫌な人ね。
ド：君って、怒るとすてきだね。
ポ：ドナルド！
ド：分かったよ。でも、どうしてそんなにせきたてるの？
ポ：ジョンソンさんご夫妻が見えるのよ。
ド：あれ？　あの人たちが来るのは木曜じゃなかったっけ？
ポ：そうよ。で、今日は何曜日？
ド：水曜日かな？
ポ：いいえ、木曜日よ。しかも、ご夫妻はあと5分でご到着なの。
ド：うわあ、着替えなくっちゃ。

第6日 (pp. 56-57)

ネッド：あした晴れるといいな。
アリス：どうして？　ピクニックでもするつもりなの？
ネ：いいや。シェークスピアを見に行くんだ。
ア：私、シェークスピアは大好きよ！
ネ：一緒に来ないかい？　ああ、そうか。君は試験勉強をしなくちゃいけないね。
ア：ええ。ああ、悲しいかな……彼の本は全部、読んだわ。私のお気に入りの書き手よ。
ネ：彼の作品はなかなかいいらしいね。
ア：彼の作品は偉大よ。あなた、読んだことがないの？
ネ：うん。読みたいとは思っている。読む機会があったらよかったんだけど、チャンスがなくてね。
ア：見る前に読んでおくべきだったわね。それじゃ、何ひとつ理解できないわよ。
ネ：どうして？　僕はシェークスピアは何回も見ているよ。
ア：すべての意味。ニュアンス。登場人物の身に起こる変化。
ネ：すごい。君は僕よりずっと、真剣に見ているんだね。
ア：何かを楽しむつもりなら、それについてのすべてを学ばなくては駄目よ。
ネ：そうだろうね。君は僕にまったく新しい見方を教えてくれたよ。
ア：どこであるの？
ネ：ヤンキースタジアムだよ、もちろん。
ア：ヤンキースタジアム？　まあ、あそこも円形だけど……。
ネ：行かなくちゃ。入場券を買わないと。待ちきれないな。あのビリー・シェークスピアはすごいピッチングをするんだよ！
ア：じゃあね……。シェークスピア？　ヤンキースタジアム？　ビリー？　ピッチング？　何か怪しいと思ったわ。

Exercises の会話文の訳 ▶ ▶ ▶

第7日 (pp. 62-63)

クリスティン：マックス、私のお隣のリックを覚えているでしょ？

マックス：リック……リック……ああ、虫を集めているやつだろ？

ク：チョウのコレクションを持っているのよ。

マ：チョウでも虫でも同じだよ、クリスティン。変わった男だ。僕が知っているのはそれだけだよ。

ク：ところで、リックは先週、自分の家の前におかしな車が止まっているのに気付いたの。その車が3日間もそこにほったらかしだったから、とうとう警察に通報したのよ。

マ：警察は車を撤去したのかい？

ク：いいえ、通行の邪魔になってなかったから代わりに違反切符を張ったのよ。だけど昨日、車の持ち主が、そこに車を置きっぱなしにしたことをリックに謝りにきたの。

マ：それで、どうして彼は、リックの家の前に車を放置してたんだい？

ク：（彼じゃなくて）「彼女」だったの。その人、車の鍵をなくしちゃったんですって。だから車を動かせなかったのよ。

マ：で、彼女、鍵は見つけたの？

ク：正確には違うけど、彼女がコートをクリーニング屋に持っていって、そこの店員がポケットの中の鍵を見つけたのよ。

マ：じゃあ、もう車を動かせるわけだ。

ク：そうよ。だけど何が起こったと思う？

マ：何？

ク：彼女、動物園の昆虫展示室の室長だったの。

マ：なるほど、彼女も虫を集めているわけか。

ク：そういう言い方、やめなさいよ。2人は昆虫への興味を分かち合っているの。それだけよ。今晩、一緒に食事をするんですって。

マ：そりゃいいじゃないか。

ク：それで、リックが私たちも招待してくれたの。

マ：それはそれは。一晩中、虫について語り合えるわけだ。

第8日 (pp. 72-73)

母：ティム、起きなさい。

息子（ティム）：母さん、眠らせて。

母：ベッドから出なさい。もうほとんど正午よ。

子：もう、2、3分だけ。いいでしょ？

母：けさは、散歩に行くはずじゃなかったの？

子：そのつもりだったけど、早起きできなかったんだ。目覚まし時計をかけるのを忘れて。

母：忘れた？

子：ええと……

母：土曜だからって、一日中寝ている理由はないわ。

子：だけど、僕が遅くまで寝ていられるのは土曜日だけなんだ。

母：日曜日は？

子：うーん、そう。土曜と日曜。

母：あなたみたいによく眠る人は見たことがないわ。

子：よく勉強するからだよ。休息が必要なんだ。

母：分かっているわ。だけど、もう十分休んだわよ。さあ、髪を切りに行きなさい。今日の午後、床屋さんに行くのよ。

子：どうしても？

母：決まっているでしょ。あなた、ヒッピーみたいよ。

子：長い髪が好きなんだ。

母：はっきりさせておきましょう。床屋さんに行って散髪してもらうか、母さんに髪を切らせるか、どちらかよ。母さんはこれまで人の髪を切ったことがないから、床屋さんに行く方がいいと思うわよ。

子：母さんの言う通りだと思うよ。

母：もちろん、母さんは正しいわ。母親は常に正しいのよ。

子：やれやれ。

母：さあ、起きなさいよ。

子：分かったよ。起きたよ、起きた。

ジュールズ情報部員：部長？　私をお呼びでしたか。

部長：ええ、ジュールズ情報部員。新しい使命を与えます。

ジ：今回は、いかなる信じがたい仕事をやり遂げましょうか。

長：モンゴルにいるスパイに接触してほしいのです。

ジ：簡単そうですね。それだけですか。

長：彼に会えば、彼がさらなる指令を与えます。

ジ：分かりました。出発はいつですか。

長：今すぐ行かなくてはなりません。

ジ：どうやって彼と連絡を取るのですか。

長：彼は魚屋をやっています。

ジ：モンゴルで？

長：ウラーンゴラムという街で。湖の近くです。

ジ：なるほど。

長：これは大変、重要な使命です、ジュールズ情報部員。失敗は許されません。

ジ：ご心配なく、ベストを尽くします。彼だということを確認するための合言葉がありますか。

長：ええ。あなたは「エドは朝食に何を食べるのかな」と言わなくてはなりません。

ジ：それで、彼の答えは？

長：彼はこう言います、「エドはたいてい、朝食にバターを塗ったパンを食べる」。

ジ：魚屋でそういう会話をするんですか。

長：普通、朝食には魚は食べないですからね、ジュールズ情報部員。

ジ：それはそうですね。でも、夕食に何を食べるかという問いでもよかったんじゃないでしょうか……分かりました。今すぐ出発します。

ヘレン：ジャック、ちょっとスーパーマーケットに行ってきてくれない？　買い忘れたものがいくつかあるの。

ジャック：でも、食料品を5袋も買ってきたばかりじゃないか!

ヘ：ええ、でも、ボビーが帰ってくるのよ。あの子はいつもおなかをすかしているから。

ジ：ヘレン、私たちのボビーはもう大人だよ。経済学部の学生だよ。

ヘ：あら、あの子が栄養学を勉強するべきだわ。食習慣がめちゃくちゃよ。

ジ：普通の大学生並みだよ。

ヘ：まさにそうなのよ!　この前、あの子が帰ってきたとき、あなたたち2人で「バリスティック・バーガー」に行ってあの脂っこいハンバーガーを2つ3つ食べたでしょ。

ジ：ああ……うまかったなあ。

ヘ：それから「ドーナツ・ゴー・ナッツ」に寄って、大きなドーナツをいくつか食べた。

ジ：うん、そう……シロップのかかったのと、チョコレートのと。

ヘ：言っておきますけど、ジャック、ボビーが帰ってくると、あなたはホーマー・シンプソンに変わっちゃうのよ。

ジ：分かっている。あのバート、いや、ボブが悪い影響を与えるんだ。

ヘ：そうね、今回は私が、体にいい食べ物をたくさん準備するわ。もう二度とそんなことが起こらないように。

ジ：分かったよ……で、スーパーマーケットで何を買ってきたらいい？

ヘ：全粒粉パンと調理用リンゴがほしいんだけど。リンゴを調理してデザートを作るつもりなの。あ、それから、ホットドッグ用ソーセージを一袋ね。

ジ：ホットドッグ用ソーセージ？　あれが体にいい？

ヘ：ウーン、いいえ、でもボビーはホットドッグが好きだから。

Exercises の会話文の訳 ▶ ▶ ▶

第 11 日 (pp. 96-97)

ウォルター：痛いっ!

乗務員：まあ、すみません。

ウ：いや、こっちが悪いんです。通路に足を突き出していたから。

乗：紅茶かコーヒーか何かいかがですか?

ウ：そうだな……何か冷たいものはありますか。ダイエットコーラがほしいんだけど。

乗：申し訳ありません。あいにく、ダイエットドリンク類はないんです。

ウ：ああ、そうか。ここがヨーロッパだっていうことをつい忘れてしまうんだ。普通のコーラをください。それから……おい、メアリー、起きろよ。家内のメアリーです。

乗：初めまして。

メアリー：は?　ウォルター、この人、何て言ったの?

ウ：メアリー、この人は英語を話しているんだよ。すみませんね。2 人ともかなり疲れているものですから。これまで、イギリスとフランスとベルギーとイタリアを回ったんですよ。

乗：まあ、そうですか。どれくらい旅行をなさっていらっしゃるんですか?

ウ：10 日ぐらいかな。

乗：でも……それでは短くありません?　それで、いつお帰りになるんです?

ウ：2、3 日中に。ウィスコンシン州で店をやっているので、それで……。

乗：ウィスコンシンですって?　私、ウィスコンシンの出身なんです。

ウ：ウィスコンシン!?　アメリカ人なんですか?　驚いたなあ。

乗：ドナ・ビッカーズです。

ウ：僕はウォルター・バーンズ。こちらは家内のメアリーです。起きろよ、メアリー。

乗：初めまして。

メ：は?　ウォルター、この人、何て言ったの?

第 12 日 (pp. 104-105)

マックス：バートがバルセロナから戻ってきたよ。

アリス：彼、研究所に書類を届けるの、間に合ったかしら?　私たちの新製品の総仕上げに、あそこではあの書類が必要なのよ。

マ：実はあいつ、研究所には行き着けなかったんだ。自転車に乗っていて……。

ア：自転車ですって?　どうしてタクシーに乗らなかったの?

マ：バートは自転車に乗るのが好きなんだ。それはともかく、研究所は街から 20km のところだ、と秘書は言ったんだ。研究所のそばに有名な教会があるから、彼女はバートに、その教会のところで右に曲がるよう教えたんだけどね。

ア：で、どうなったの?

マ：信じられないようなことだけど、バートの友達も何人かバルセロナに来ていて、ちょうどそのとき、その教会に来てたんだ。あいつ、角で友達に出会って、しばらくしゃべったらしいよ。

ア：すごい偶然ね!

マ：うん。でもその後、彼は秘書が言ったことを忘れて、右じゃなくて左に曲がってしまったんだよ。

ア：おやまあ!

マ：バートは道を教えてくれる人を探して、やっと道を下ったところにバーを見つけたんだ。そのバーまで行くと、彼はドアを開けた。

ア：どうなったか当てさせて――バートの友達がバーにいたんでしょ。

マ：いや、そうじゃなくて、研究所の所長がいたんだ。バートは所長に書類を渡して、その晩は所長の家に泊めてもらったんだって。

ア：バートのバルセロナ行きは興味深い道中だったのね。

第 13 日 (pp. 112-113)

ロンダ：あーあ、幸運が集中する人っているのよねぇ。

トニー：何の話だい？

ロ：妹のタミーよ。まず、金曜日にあの子、ヴァン・ヘイレン（米国のハードロックバンド）のコンサートに行ったの。

ト：あのコンサートは売り切れじゃなかったっけ。

ロ：そうよ。でも、タミーはスタジアムの前で、ダフ屋から2枚、チケットを買ったの。しかも、それだけじゃないのよ。

ト：何だい？

ロ：最前列の席のチケットだったのよ！ 信じられる？ その上、ボーカルが彼女を舞台に引っぱり上げたの！ その後、あの子、バンドメンバーと一緒に、彼らが泊まっているホテルのパーティーに行ったのよ。

ト：それは確かにラッキーだったね。

ロ：そこまではまだ大したことじゃないの。翌日、タミーは宝くじで7万5000ドル当てたのよ。

ト：ひゃあ！ それはすごい。彼女、賞金をどう使うか決めたのかい？

ロ：ええ、賞金で住宅ローンを払って、古いシボレーを新車のジャガーに買い換えたわ。その車を買うときに、あの子、ディーラーのところでトム・クルーズに会ったの。彼もジャガーを買おうとしていたのよ。

ト：ふうん。タミーの生活はわくわくすることの連続みたいだね。ところで、彼女、君に何か買ってくれた？

ロ：今、私が着ているこのくだらないTシャツ以外には、なんにも。

ト：ねえ……、ロンダ、そのTシャツに穴が開いているの、知ってた？

第 14 日 (pp. 118-119)

ゲイル：どうぞ入って、マイク。

マイク：ありがとう、ゲイル。また会えてうれしいよ。どうしてた？

ゲ：相変わらず求職中。でも、元気よ。あなたは？

マ：僕は絶好調だよ。

ゲ：紅茶かコーヒーか何か飲む？

マ：うん。コーヒーを一杯お願いするよ。

ゲ：分かったわ。ところで、私に話したいことがあるって言っていたわね。

マ：うん、そうなんだ。ニュースが2つあるんだ。

ゲ：早く教えてよ。

マ：トムが新しいレストランを開いたんだ。

ゲ：トムがですって？ あなたの兄さんのトムが新しいレストランを開いたっていうの？

マ：そうだよ。それで明日、そこで僕たちにランチをごちそうしたいんだって。

ゲ：すてきね。待ち遠しいわ。でも、トムはレストラン業をやめたんだと思っていたけど。仕事が大変すぎるからって。

マ：気が変わったんだ。オフィスで働いてみて、それにうんざりしたんだよ。

ゲ：彼にとってはいいことね。明日のランチは彼も一緒なんでしょ？

マ：もちろんだよ。

ゲ：もうひとつのニュースは？

マ：トムは店を経営してくれる人が必要でね。その仕事を君に任せたいそうだ──もし、君がやりたければだけど。

ゲ：もちろんよ！

小川直樹（おがわ　なおき）

英語音声学者・コミュニケーション向上コンサルタント。1961年東京生まれ。上智大学大学院言語学専攻博士前期課程修了。1998年、イギリスのレディング大学で研修。聖徳大学教授を経て、2013年、コミュニケーションのコンサルティング会社 Heart-to-Heart Communications を設立し（HPは http://www.hth-c.net/）、代表取締役を務める。20年以上の女子大での教育経験と教員研修での指導経験を基に、英語発音・プレゼン技法・人間関係の技法などを一般向けに伝えている。著書に『イギリス英語で音読したい！ UK音読パーフェクトガイド』、『イギリス英語発音教本』（研究社）、『2週間で攻略！　イギリス英語の音読ゼミ』（コスモピア）、『英語の発音　直前6時間の技術』（アルク）などがある。

耳慣らし英語リスニング2週間集中ゼミ

発行日　　1998年6月10日（初版）
　　　　　2009年7月27日（新装版）
　　　　　2024年5月15日（新装改訂第2刷）

※本書は2009年7月刊行の『新装版　耳慣らし英語ヒアリング2週間集中ゼミ』の学習用音声をMP3音声ダウンロード形式に変更し、新装改訂したものです。音声の収録内容は変わりません。テキストの内容は基本的に変わりませんが、一部の発音記号を更新してあります。

監修・執筆：小川直樹
編　　　集：株式会社アルク 出版編集部
英 文 校 正：Cathleen Fishman ／ Jim Castleberry ／ Peter Branscombe ／ Owen Schaefer
装　　　丁：喜來詩織（エントツ）
本文デザイン：石田聡子（パレットハウス）、株式会社創樹
カバーイラスト：山内庸資
本文イラスト：どいまき
音 声 編 集：株式会社アドエイ
D 　T 　P：株式会社創樹
印刷・製本：日経印刷株式会社
発　行　者：天野智之
発　行　所：株式会社アルク
　　　　　〒141-0001　東京都品川区北品川6-7-29　ガーデンシティ品川御殿山
　　　　　Website　https://www.alc.co.jp/

地球人ネットワークを創る

アルクのシンボル
「地球人マーク」です。